上海市宝山区中小学“美丽宝山”系列读本

人文韵

REN WEN YUN

上海市宝山区教育局　编著

同济大学出版社
TONGJI UNIVERSITY PRESS

编写人员

执行主编　张　燕
编写成员　张　敏　张　燕　胡凤英　苏玉青
　　　　　张静媚　沈　梅　卢　靖　徐芸琦
　　　　　樊卿卿　王海燕

序：努力打造宝山教育之魂

何谓人文，《辞海》将其定义为“人类社会的各种文化现象”。人文是指人类文化中先进的、科学的、优秀的、健康的部分。其集中体现是：重视人、尊重人、关心人、爱护人。简而言之，人文，即重视人的文化。韵的本意指和谐的声音，也指风度、气质、情趣。一方人文，气韵悠长。

生动的人物素材往往富有强大的感染力。宝山近现代史上出现了许多名人，他们与宝山有着千丝万缕的联系，他们在宝山生活过、工作过，为宝山的经济、政治、文化作出了巨大的贡献。古人云：“君子以多识前言往行，以畜其德。”意思是说，善于修养的人，能从前辈贤者的嘉言懿行中学习智慧和道德，用以完善和培养自己的品格。对于学生来说，学习这些优秀人物的先进事迹、优秀品格和高尚的情操，可促进自己高尚品格的养成。我们选入读本的人物是在宝山的发展进程中影响较大或者有突出贡献的人。通过挖掘这些人的内涵和品质，感受宝山人的醇厚、浓烈、温婉、细致、宽广等韵味，我们期待以此对学生进行德性的教育和引导。

宝山区教育局着手编写一套以“生活育德”内容为主题的“美丽宝山”系列区本读本，《人文韵》是这套“系列区本读本”中的重要内容之一，通过本读本的编写，使人物资源在宝山德育中能发挥其作用，实践宝山德育“立德树人”的目标。《人文韵》一书的内容与宝山“生活教育”的具体内容一脉相承。它着眼于指导学生专注、明辨、勤奋、合作、优雅、诚信、负责、自律、尊重、健康等方面的素质培养，着眼于可知、可学，可亲、可近的操作要求。整本书从学生的角度思考，通过小故事告诉学生做人、做事的道理。以人带事、以事叙人，同时设计一些实践探究活动，在活动的过程中加深学生对人物以及人物事迹、所作贡献的认识，引发学生探寻名人足迹的兴趣，激发学生爱我宝山、建设宝山的热情。

该读本由八个篇目组成：“山不在高 有仙则名”旨在了解宝山的历史长河中一位位名载史册的人物；“诸子百家 行成于思”旨在学习一批思想者；“天

下兴亡 匹夫有责”旨在学习宝山土地上涌现出的众多爱国志士；“妙笔生花 钟灵毓秀”旨在了解宝山土地上孕育出的文学家和艺术家；“精雕细琢 巧夺天工”旨在介绍为社会作出贡献的能工巧匠；“上善若水 厚德载物”旨在介绍道德高尚的人物；“推陈出新 继往开来”旨在介绍在宝山这块土地上开拓创新的人物；“不忘初心 薪火传承”旨在学习榜样人物，继往开来。

在这八个篇章中，每个篇章有四个主题，每个主题由若干个不同视角呈现的篇目构成，各篇目设有“人物介绍”“轶事点击”和“书言心语”三个栏目，每个篇章设有“学海畅游”栏目。通过“人物介绍”引导学生了解该人物的生平简介以及取得的成就或者作出的贡献；通过“轶事点击”让学生从人物的事迹或者故事中获得启发和感悟；“书言心语”展示了人物留下的物质的或精神的财富，如书稿、名言警句等等引发学生的思考。“学海畅游”则引导学生参与根据本章主题和人物设计的实践活动，在活动中落实德育目标。

润物无声、育人无痕。《人文韵》一书具备了这样一种魅力和功效，会化为学生成长过程中的和风细雨。

宝山区中小学“美丽宝山”系列读本编写组

2019 年

目　录

CONTENTS

第五章 精雕细琢 巧夺天工

第六章 上善若水 厚德载物

第七章 推陈出新 继往开来

第八章 不忘初心 薪火传承

后记

第一章
山不在高 有仙则名

澳门首任同知印光任
尽瘁公益的钱淦
淳厚谦逊的易素之
呕心沥血的钱信忠

第一章
山不在高 有仙则名

宝山区地处长江三角洲的东缘，是我国南北海岸线的中点，黄金水道长江与黄浦江的入海汇合处。这里钟灵毓秀、人杰地灵，优越的地理位置孕育了宝山浓郁深厚的人文底蕴，也涌现出许多名载史册的优秀人物。

这些优秀人物以自己高尚的人格魅力和一心为公的行为处事，造福当地乃至全国黎民百姓，其中有不卑不亢的澳门首任同知印光任，骁勇善战、斩杀倭寇的钱世桢，尽瘁于地方公益的县知事钱淦，淳厚谦逊的宝山第一任县长易素之，以及为新中国卫生事业呕心沥血的开国将军钱信忠，等等，他们为宝山地区的发展和国家社会的发展谱写出了一曲曲可歌可泣的赞歌，他们的言行举止更是感染无数的后来者，值得世人纪念和称颂。

澳门首任同知印光任

人物介绍

印光任（1691—1758），清朝官员，字黻（fú）昌，号炳岩，江南宝山人。1726年，清世宗下诏，命令各省督抚举荐孝廉方正之士，印光任应诏被荐为广东地方官。他历任石城、广宁、高要、东莞等地知县，颇有政声，尤其擅长经办中外交涉事件。

清代因澳门人口渐多，中外杂居，各种争端也日益增加，于是清政府设立“澳门海防同知”。1743年年底，印光任被乾隆皇帝选任为澳门第一任同知，以加强澳门沿海防务工作。

印光任在任职期间勤于吏治、严肃政纪、修建学校、设立书院，同时还大力提拔俊秀新人。在任期内，他写了《澳门纪略》一书草稿，详细记述澳门地理、历史和社会风俗，并配有详细的地理插图。此书草成后，印光任因调任异地，就把它交给了第二任澳门同知张汝霖。张汝霖进一步对此书进行补充完善，后来再次与印光任合作，经过不断修改和补充，《澳门纪略》终于在乾隆十六年（1751）完成定稿并印刷出版发行。

印光任办事豪爽、志存高远、屡建功绩，却从不驰高骛远，凡事都能亲力亲为、尽职尽责，为当地百姓做了许多好事，深受当地百姓的爱戴。

轶事点击

为官一任 造福一方

印光任正式上任后办的最大一件事，是制定了管理澳门的具体措施，这就是有名的“七项指引”（以下简称“指引”）。其主要内容是：严格规定外国船只进出澳门的各项条件；加强对外船进澳门的盘验检查，洋船到达澳门后，由中方派出引水员进行盘查；洋船出口，更须盘验；如有违禁夹带的，规定必须查明情况，严格追究；等等。

印光任严格管理澳门

这些制度的制定和确立对澳门的管理起到了积极的作用。比如“指引”规定了引水员的资格标准，此外还规定澳门居民同外商贸易的指定地点，以此防止外人潜入澳门；同时在澳门当地建立保甲制度，设立海防衙门。要求洋人在澳门修船，必须将船身的大小、船上工匠姓名详细登记，一并呈报给官府。“指引”规定在前山寨设立海防衙门，派兵镇守，要求相互协防、加强守护等。

印光任巡视澳门海域

印光任治理洋务，庄敬自强。一次法国商队来澳门贸易，英国商人获知后想抢走这笔生意，派出了六艘大船游弋到海面。印光任获悉后认为这是破坏澳门与外界的正常贸易，假如英法在这交战，必定会影响澳门的安宁，于是他亲自率领战舰水师，在海面上严阵待发。

同时印光任还厉声指斥英国商船头目：“我奉知府命特来办理此事。你们英国人若伤人性命，我们就用在黄埔的英国人抵命；如抢夺货物，我们就将你们英商在澳门商行的货物抵充。”说完他就指挥各艘战舰，带领全副武装的千余水师官兵，包围了英国商船。英国商船的首脑看到这架势，又听了印光任这一番义正词严的话，顿时噤声，只得带着六艘英船灰溜溜地全部退走。

为弄清治地情况，特别是为了海面的安宁，印光任常常不顾辛劳，到处勘查澳门的山川地理形势。他还走访当地居民，尤其是深入各少数民族居住地区，了解居住在澳门的各少数民族情况，包括民族派别、人口数量、风俗习惯等。这为治理和管理澳门积累了不少第一手宝贵资料。

印光任鞠躬尽瘁，为当地百姓谋福利；以德为人、以理服人，与外来的不法分子进行了针锋相对的斗争，维护了民族尊严，保卫了祖国疆域。他的事迹为后世所称颂。

故事启迪

印光任在担任澳门同知期间，尽职尽责，以国家利益为重，时时把海疆诸事存于胸中。“先事预谋，当机立断，终其任海面肃然”。他处处为民着想，一心为民办事实。在与外来不法分子的交锋中表现出铮铮铁骨，用自己的言行有力地捍卫了国家和民族尊严。

书言心语

印光任在任内写了许多的著作，如《澳门纪略》《炳岩诗文集》《翊蕲编》《补亭集话》《雨吟碎琴草》《铁城唱和》等。现在留存下来的只有《澳门纪略》一书。

《澳门纪略》是专门记录澳门的地方志书，它是世界历史上第一部系统介绍澳门的古籍著作。

印光任的《澳门纪略》

《澳门纪略》一书详细记述了当时澳门历史、地理风貌、中西文化、风俗民情、民间技艺等内容，不仅有详细文字记录，同时附有插图 21 帧和 400 多条中葡对照词语。

全书共三卷两篇，是研究澳门历史的重要文献依据，具有重要的历史价值，故被誉为“安边纬略”之书。

尽瘁公益的钱淦

人物介绍

钱淦

钱淦（1875—1922），字印霞，宝山县真如人。清光绪三十年（1904）进士，位列二甲第八十名，授翰林院庶吉士，送进士馆学习法政，公派赴日本东京法政大学留学。1907年毕业回国，授翰林院编修。

钱淦回国时，宝山正值筹备全县清丈，他被推举为县清丈局长。清丈从准备到竣工历时4年，清丈事务从确定田步、尺度、测绘到丈算都很繁复，要求工作细致，而清丈经费又非常的窘迫，任务极为艰巨，他历尽艰辛，负责地完成此任务。

宣统三年（1911）辛亥革命，宝山独立，钱淦担任宝山地方民政长，后改任县知事。就任当日，钱淦宣誓"愿与民更始"，同时组成司法机关暨临时县议会，实行三权分立，又以县议会为县行政的监督。后经推荐出任县交通事务局长，筹划筑路，日夜操劳。他规划了县境内南北和东西两条干线，并努力筹款，筑成南北干线（即今沪太路），1922年春通车。接着他又测定东西干线（今同济路以西的宝刘路），未及亲临施工，便突发脑溢血卒于交通事务局内，终年48岁。

钱淦无论是在新政推行中，还是在修筑公路的过程中，都廉洁奉公，除俸金丝毫不取分外之财。他办事认真细致，领导宝山的地方自治，对当时的许多弊政进行改革；说服南京都督同意减征忙银二成，全免辛亥年漕粮，为民众解决了最为困难的纳粮问题；在宝山全面推广巡警制度，维护社会治安；注重在教育上加大投入，推广初级国民教育，为宝山地区的发展鞠躬尽瘁，堪为表率。

轶事点击

尽心尽责 呕心沥血

钱淦担任宝山地区民政长后，亲自详实规划地方财政预算和县事业的改革方案，并交县议会公决，通过后即刻执行。民国元年（1912），地方官制颁布后，钱淦担任县知事。他进一步整顿县财政体制，对当地赋税的征解、行政经费的开支，都详列细数，印发给各乡，公开理财，并关心体恤百姓财力。辛亥十月（1911 年 11 月 -12 月），他 3 次报请豁免冬季全额漕粮。民国元年，月浦乡冬季粮二至四成被减免；各项杂收项中的余额都被拨助给地方公益。钱淦办事认真细致，极琐屑的事也必寻根究底，对怀有疑义者，反复辨明事理，务使疑义消失。钱淦审批公文，不轻下一字，虽至夜半，不厌不倦。

1917 年，钱淦当选为江苏省议会议员，他向议会提出海塘经费应由国库拨款的议案，经议会讨论后，上报省署获批准同意，于是宝山海塘大修的经费得到了解决，民间财力得到宽舒，海塘的险处得以修固，宝山的民众不再受台风水患灾害之苦。钱淦为民造福不小。

钱淦在任期间还主持编纂《宝山县续志》一书。为了能全面了解当地风土民情，其广搜博采，收集宝山民间各方资料，完整详实地纂修好《宝山县续志》，他常常利用工作间隙和休息日，实地调查走访和拜访宝山各地乡党乡绅，足迹遍布了宝山全境。同时，他注重学习研究，为了县志编写得真实可靠，他亲力亲为，审定县志体例，重视第一手资料，并且严格把关，对采访搜集到的各种资料、图表数据等反复推敲核实，力求详密精练。

钱淦亲力亲为、调研视察

在编志工作中，钱淦边搜集资料、边整理，不辞辛劳、忘我工作、迎难而上、秉笔直书，为搜集和撰写好县志呕心沥血，做出了可贵的贡献。历时 3 年多，他终于完成了《宝山县续志》的纂修。梁启超阅后，认为《宝山县续志》是民国志书中较好的一部，它反映了时代的特点和宝山特色，是部传世之作。

故事启迪

钱淦心系百姓、一心为民、鞠躬尽瘁。他在荆棘和贫穷中拓荒，挥洒着青春的汗水；他用行动书写了“人民公仆”华丽的篇章。他将“爱心、责任”融入生活，把幸福留给后人。他，是这片土地上的骄傲！

书言心语

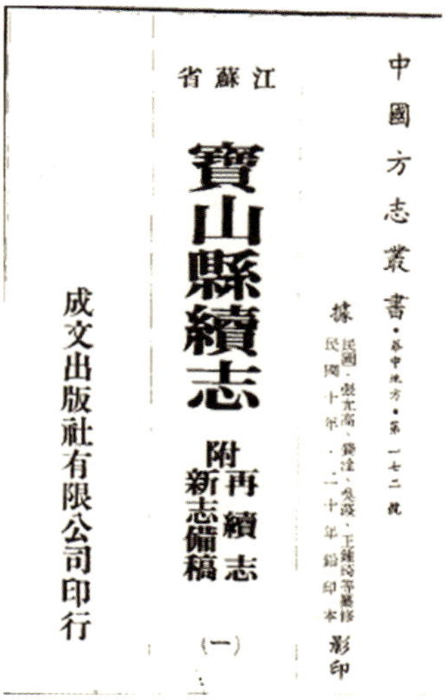

《宝山县续志》，钱淦纂修

钱淦纂修的《宝山县续志》，以概述、大事记列卷首，共设有分志 32 卷。《宝山县续志》以大类为序排列，但不明标类别，其顺序为地理、经济、政治、军事、文化、社会、人物、志余；志末列编后记。彩色照片、政区图、水利图、交通图集中于全志之首，其余图表随文插附。

《宝山县续志》比较完整地记录了当时宝山县域人文地理、自然生态、民俗民风，政治经济和文化社会发展的历史与现状，它具有地方性、综合性、资料性、连续性等特点。

《宝山县续志》蕴藏着丰富的史实和宝贵的资料，是研究宝山人文历史、政治经济、社会发展等的重要书籍和依据，是宝山县域优秀文化遗产中的一块瑰宝，是重要的地方文献，是一个地区的史书，享有“地方百科全书”的美誉，也为当今宝山地区经济腾飞提供重要历史参考价值。

淳厚谦逊的易素之

人物介绍

易素之

易素之（1921—1998），原名徐汉明，又名王素，江苏南通人。1945 年 4 月加入中国共产党，历任南通县西亭、袁港、金沙等区区长。1949 年 4 月，随百万雄师渡江南下，5 月任宝山县人民政府副县长，9 月任县长。他是新中国成立以来的宝山县第一任县长。

宝山沿长江，当时漫长海塘，除东门外一段 200 多年前由胡仁济筹建的石塘外，其余多是低矮堤圩，经不起台风大潮袭击。每逢强台风过境，大潮翻涌，许多沿江、沿岸堤圩被冲垮。风灾水患使宝山人民生命财产遭受巨大损失，易素之看在眼里痛在心里，所以他在宝山期间非常重视海塘江堤的加固建设和水利建设。

易素之带领民众加固海塘

他经常带领水利建设部门干部和技术人员，亲临沿江沿岸地段察看和拟订防卫措施，带领全县人民群众修复了17公里海塘。当台风大潮来临时，他亲临险工地段，顶狂风、冒暴雨，组织防汛救灾。他一面发动群众投入防台风保卫家园，一面亲自投入搬石、填土、打夯打桩的行列，奋不顾身、临危不惧，还要照顾群众安危，受到群众赞扬。当地群众反映说："台风水灾不留情，共产党干部为百姓，防台风奋不顾身。"

为了发展生产，造福人民，易素之非常重视兴修水利。当时罗店的市河严重淤塞，国民党统治期间长期无人过问，易素之下决心根治。他坐镇罗店，成立水利指挥部，还亲自担任主任，带领大家夜以继日疏通河道，治理河道的淤积。罗店市河河道的疏通，运输的畅通，对本县解放初期的物资运输起到了积极作用。

作为县长，易素之重视思想教育，工作作风细致踏实，善于团结各界人士为恢复和重建宝山出力。尤其重视党的统战工作，他会经常参加当时宝山地区工商界联合会议，宣传党的政策，对他们进行直接的帮助教育，号召他们奉公守法经营，稳定他们的情绪，鼓励他们积极投入宝山的发展洪流中。

1953年起，易素之先后担任松江专署副专员，中华人民共和国驻法国大使馆临时党委书记、临时代办，驻联合国日内瓦办事处常驻参赞衔副代表、临时代办，中国科协国际部副部长，国家安全部副局长等职。

轶事点击

大气谦和 以身作则

易素之担任宝山县长时，时刻以身作则，注重发扬艰苦奋斗精神。解放初期，宝山地区交通条件很差，仅有几条路面不平的狭窄公路，无公共交通。易素之把上面下发的两辆旧自行车给了通讯员使用。每次到基层工作或到各乡村调研视察就与大家一样步行。天寒地冻时去长兴岛，因帆船靠不上土码头，易素之只得涉水登岸。见到同行的体弱同志，他还争着代背包，扛较重的物品。

当时生活艰苦，政府机关人手少工作忙，易素之常常工作到深更半夜。当他见到科室有的同志在加夜班，便一面催促同志早休息，一面又默默地让伙房备些简单夜宵给同志们吃，唯独他自己不享用。

他淳厚谦逊，对同志以诚相待，平易近人。大家把他既看作是领导，又看作是朋友。他常自谦地说：“我搞理论工作是半路出家，从头学起，同大家一起学习。”在担任宝山县长后，参加了中级干部自修班的培训学习。当时参加中级干部自修班的工作人员都是年轻人，二十多岁，有的刚从大学毕业，有的从基层领导岗位调来，易素之算是老资格了，1941 年参加革命，又是老领导干部，长期任区、县领导职务。可是，他从不摆“老资格”，从不以领导自居，身上没有一点“官”气。

他对学习马列著作、毛泽东著作十分勤奋执着，常常看到他独自一人挑灯夜战，甚至废寝忘食，并且对于不理解的地方会用红笔标记，然后向一起学习的年轻人请教，一直把问题搞清楚为止。他平时处理问题时不会高高在上，总是会留有余地，不说过头话，不做没有把握的事情。

当时有的学员骄傲自大、作风不踏实，易素之对这些同志没有摆领导架子，而是同他们交朋友、找他们谈心，进行耐心细致开导劝解。这些工作人员经过易素之的思想疏导，都能心服口服，一些思想问题自然而然地消失了，安心于工作。所以，中级干部自修班的工作人员没有一个人不佩服易素之的，都认为他很有修养，善于团结来自各方面的同志，是人民的好干部。

故事启迪

易素之虽然贵为一县之长，但在平时工作学习中却没有半点官架子，待人接物亲切、和善、平易近人。同时，他谦虚好学，积极进取；善于做群众思想工作，心里装着党的事业、装着人民群众，用实际行动诠释了共产党员“全心全意为人民服务”的宗旨。

书言心语

中共通州市委党史办公室根据中央、省委党史部门关于抢救革命史资料和征集、编纂工作的要求，先后共征集革命史资料 5 000 多万字，各类历史照片 2 200 多幅，革命文献、文物资料 900 多件编写全县的史志。

《易素之纪念集》

《易素之纪念集》就是当时大家为他编印的回忆录、纪念专集。全书共 18 万字，书中记录了近 80 位与易素之工作同事过的同志撰写的近百篇文稿。它详实地记述易素之全心全意为共产主义事业奋斗一生的故事，全书也高度赞扬他实事求是、谦虚谨慎、朴实近人的工作作风和高尚的人格魅力。

呕心沥血的钱信忠

人物介绍

钱信忠

钱信忠 (1911—2009)，出生于江苏宝山县（今上海市宝山区），1935 年加入中国共产党，1955 年被授予少将军衔。历任中国卫生部部长、国家计划生育委员会主任、中国红十字会会长等职。

钱信忠是中共十二大代表，中国共产党中央顾问委员会委员，第三、六届全国人大代表，第五届全国人大常委，中国人民政治协商会议第一届全体会议代表。

1945 年，钱信忠任晋冀鲁豫军区卫生部部长。他还担任过华北军区卫生部部长、第二野战军卫生部部长。钱信忠在太行山调查采集中草药 200 多种，编印成《太行山药物》，同时编译《实用药物大要》《传染病的预防和治疗》。1964 年，在周恩来总理的指示和领导下，钱信忠负责计划生育工作，以控制我国人口猛增的势头。1980 年冬开始，他又任中国残疾人体育协会主席，主持召开过两届全国残疾人体育运动会。1993 年受卫生部的委托，钱信忠担任了中国防治性病艾滋病协会会长。

经过艰辛的努力，钱信忠在科研、宣传教育、奖励有成就的优秀工作者、支持中西医结合防治艾滋病药物的研究等方面，作出了巨大的贡献，为推动我国预防性病、艾滋病的事业，发挥了重要作用。

轶事点击

医者风范 矢志不渝

钱信忠十分重视战伤救治工作。在战争期间，他积极组织医务人员学习白求恩所著的《游击战中师医院的组织和技术》一书，学习白求恩高超的医疗技术和高尚的国际主义思想风范。同时他根据长期积累的实践经验教训，总结了一套“创伤新疗法”，推广到各战地医疗队，使部队战伤救治治愈率和生存率有了很大提高，医务人员的医疗水平也有了长足的进步。

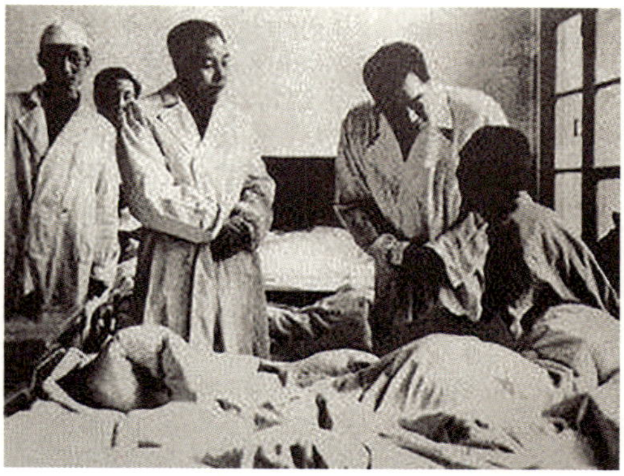

钱信忠探望、关心受伤战士

他常常会下连队，走访战地医疗队，了解战地医疗队战伤治疗的情况。同时，他还亲自走上手术台，为年轻医务人员耐心细致地讲解并进行操作示范，为战地医疗队整体治疗水平的提升鞠躬尽瘁。钱信忠在大量实践工作中组织编写了《战伤治疗原则》和《创伤新疗法》。

工作中，他结合当时医疗治疗的实际情况，把部队卫生工作的基础放在连队，领导制定了《卫生法规》和《内务条令》，对个人卫生、环境卫生、宿营卫生、饮食卫生规定得很具体，要求得很严格。他明确提出团结中西医药人员，反对鄙视中药，他管理的卫生部门属下的药厂生产了许多中药制剂。当时在驻地，他常常会带领医疗队走访当地老百姓，为老百姓看病送药，解除百姓们的疾病痛苦。在太行山区，老百姓都亲切地称他为“活神仙”。

1933 年，钱信忠被调到鄂东苏区重伤医院工作，同年 12 月担任红 25 军医院院长。钱信忠还对 25 军下属的 74 师和 75 师的医护人员进行调整、补充，组建了师医院，团、营也建立了卫生队、医务所，为我军医疗队伍的建设作出了杰出的贡献。

解放以后，钱信忠以“防病治病、增强体质”作为自己工作的指导思想，他经常深入基层，调查研究，了解广大人民群众健康情况，撰写了《人口新编》《中国卫生事业发展与决策》两部著作，并全力以赴地主编了《中国医学百科全书》。

故事启迪

钱信忠作为一名医务工作者，始终怀揣一颗金子般的心，以一种对生命不离不弃的执着情怀，坚守“悬壶济世”的信条，为我国的卫生医疗事业鞠躬尽瘁，谱写出一曲最美的生命赞歌。

书言心语

由卫生部直接领导、原卫生部部长钱信忠任编委主任的《中国医学百科全书》，有4 000多名医药卫生界专家历时多年编写审定而成。

《中国医学百科全书》
钱信忠主编

《中国医学百科全书》按学科专业分卷，用条目形式编写。全书包括预防、基础、临床、军事和祖国等医学的各门学科共89分卷、76分册，有20 000多条目、4 000多万字。

《中国医学百科全书》是从事医疗、教学、科研等人员的必备工具书，也是我国学科最全、规模最大、内容最权威的医药卫生大型参考工具书。

学海畅游

“传述宝山名人故事”主题班会活动

在悠久的历史长河中，有不少名载史册的名人，他们与宝山有着千丝万缕的联系，他们在宝山生活过、工作过，为宝山的发展做出了巨大贡献。请同学们上网或去图书馆查找收集“钱世桢的故事”，在班会课上交流分享。

第二章
诸子百家　行成于思

新式教育的先驱袁希涛
亦儒亦官亦商的李平书
潜心治学的潘光旦
通文达艺的滕固

第二章

诸子百家 行成于思

宝山历来人文荟萃、英才辈出，在这片土地上，曾涌现出一大批思想家。他们传承数千年的中华优秀传统文化，形成了独特的价值体系，潜移默化地影响着今天中国人的思想和行为方式。

在宝山现代史上有急公好义、为人耿直、不慕荣利的袁希涛、袁熙洛、袁熙濂三兄弟；忧国忧民，做人处事秉持着儒家思想精髓的李平书；博古通今，一生循着一个传统儒者德性的张君劢；为富国强民而奉献一生的潘鸿鼎、潘光旦父子；学贯中西，虽命运多舛仍不改初心的滕固；等等。他们或学识渊源，毕生致力于中华传统文化的研究，以捍卫中华传统文化为己任，将文化展示给全世界；或学贯中西，将近代西方文化引入到中国传统文化研究中，极大开拓了传统文化研究的新境界，形成新学派。

新式教育的先驱袁希涛

人物介绍

袁希涛

袁希涛（1866—1930），字观澜，又名鹤龄，江苏宝山（今上海市宝山区）城厢人。清光绪举人，清末民初教育家，创办宝山县学堂、宝山中学、吴淞中学、太仓州中学、上海中学等校，参与筹设复旦公学、同济大学。

清光绪二十三年（1897），袁希涛任沪广方言馆教习。在这期间，他有感于戊戌变法失败和庚子国变的惨痛教训，矢志教育救国。他在家乡宝山，创办了宝山县学堂，又和上海龙门书院的同仁们倡议改办师范学校。

1919 年 11 月，袁希涛与教育界人士发起组织欧美教育考察团出国考察。他先在美国考察了20余州，又到欧洲考察了11国，历时一年。回国后，袁希涛开始重点关注义务教育，并奔波于各地演讲，希望能以教育救国。

1923年，他在江苏组织“义务教育期成会”，联合各省共同探讨、推广，并倡设乡村师范作为推行义务教育的基础，并积极参与筹办复旦公学（现复旦大学）于吴淞，担任复旦公学第一任教务长。后来又筹商将德人创办的同济医工学堂（现同济大学）收回由国人自办，迁校于吴淞。

在他兼任江苏省学务处议绅时，创立了宝山绘丈学堂，实行清丈，使宝山成为当年全国各县土地清丈的先行者。袁先生对宝山的交通、农业、水利、文化等都热心参与，竭尽全力。

1930年8月，袁希涛因病逝世，宝山人民为了纪念他，在城西辟地建观澜墓，立纪念碑，铸铜像置于宝山淞阳小学（今宝山实验小学）内，并开办了观澜中学。

袁先生学识渊博，黄炎培曾评价他“研习宋儒理性之书，继治汉儒通经治用之学，旁及天文地理博物”。作为我国第一位全面阐述义务教育思想的教育家，袁希涛毕生致力于教育事业，矢志不渝。

轶事点击

倾心教育

袁希涛先生一生致力于发展教育事业，与宝山更有不解之缘，黄炎培在《袁观澜先生事略》一文中写道：“宝山昔为先生最初宣劳之地，而今为最后努力之区。”

袁希涛铜像
（宝山实验小学内）

袁先生大力推广基础教育，是我国近代第一位对义务教育作出系统讨论并付诸实践的教育家。他早年在对日本的研究中认为，日本的强盛要溯源于对教育普及的重视。这一认识初步奠定了他以教育救国、普及基础教育的念头，因此他身体力行从事教育普及事业。1903年他担任宝山县学务公所总理，在任职的三年间，增设小学20多所，使宝山的小学总数达到30多所。今天的宝山实验小学就是袁希涛创办的。

袁希涛倡设乡村师范作为推行义务教育的基础。1905年，在他的倡议下上海龙门师范学堂成立，袁先生担任校长。龙门师范学堂在授课和教学方法上都与传统不同，开始了真正意义上近代化教育尝试，龙门师范学堂也是上海最早的师范学校之一，成为当时江浙一带传统学堂向近代学校转变的典范。

在战火纷飞的年代，袁希涛孜孜于国家教育根本建设，1912 年应当时教育总长蔡元培之邀，任教育部普通教育司司长，任职七年间他亲自整理制定教育制度、法令课程，又草拟《全国义务教育计划》，对义务教育的内涵、义务教育入学年限和学龄期的理解、构建推进义务教育的保障体系、推进义务教育应有的学校类型等都有详实的阐述，此计划也成为民国义务教育的基本政策，这些教育思想迄今仍有其借鉴意义。

袁先生在支持义务教育发展的同时，还十分关注大学教育。在任教育部次长时，他就对同济大学非常关注，他对学生说："中国之大患，曰贫曰弱，救弱莫若医，救贫莫若工，务望诸君，各求深造，以养成将来救国人才。"1917 年，由于第一次世界大战的影响，在美国的要求下，中华民国政府宣告与德国断交。而作为中德两国合作的学校，同济大学的命运扑朔迷离，凶多吉少，在这样的背景下，袁希涛力排众议，与各方面积极协商，促使同济大学收回自办，迁校于吴淞，学生们先后搬至吴淞中国公学上课，同济大学的历史才得以延续。

晚年，袁希涛回到宝山故里，但仍常步行下乡劝学，一直到他患病逝世，其教育之志，老而弥笃。黄炎培先生评价他："谋己不工，谋人则忠，其识通，其抱冲，其建于群也丰，吁不得于一国而一省而一里一井，苟死而教育成也。先生其瞑。"

故事启迪

袁希涛以教育为生命，倾心于义务教育事业，笃信力行，至老如一日。他终生致力于教育兴国，为建立和培育民族的根基而殚精竭虑，为实现伟大的目标而奉献一生，矢志不渝，对我国义务教育理论和实践作出了开拓性的贡献。

书言心语

袁希涛通过细致地考察对比欧美发达国家及日本的义务教育发展状况，结合中国具体的国情，写出了《义务教育商榷》《新学制与各国学制比较》《欧美各国教育考察记》和《义务教育》等书。

《义务教育》，袁希涛著

袁希涛曾经撰写一副对联自勉：

上联：“五岳归来，游大九州，又返神州赤县。”
下联：“万方多难，赁一席地，也同福地琅嬛。”

亦儒亦官亦商的李平书

人物介绍

李平书（1854—1927），江苏苏州人，出生于江苏宝山高桥镇（今属上海市浦东新区）医学世家。光绪年间，他先后署广东陆丰、新宁、遂溪知县，湖北武备学堂总稽查、提调，光绪二十九年（1903）转任江南制造局提调，兼任中国通商银行总董、轮船招商局董事、江苏铁路公司董事。李平书创立医学会，创设中西女子医学堂、南市上海医院（今上海市第二人民医院），开办华成保险公司等。

李平书

1873年冬天，上海的龙门书院招生，李平书以第四名的资格入院学习，成为晚清著名学者、龙门书院山长刘熙载的弟子。在龙门书院就读的十年是李平书一生事功的重要阶段。在这一阶段，他一方面学习传统理学，留心诗词古文，同时大量阅读各类西学书籍，另一方面开始关注朝野掌故，注目世界形势。在龙门书院诸多学生中，李平书以“留心经济，晓畅中外事物”著称。而后，李平书通过科举考试步入仕途。

1903年，李平书在外地宦游十多年后回到上海，成为上海绅商代表，活跃于商界，同时涉足政界。作为一名企业家，他主持闸北水电厂、南市电灯厂。

与此同时，李平书首倡清末上海地方自治运动。他和姚文木丹、郭怀珠、莫锡纶等集议创设总工程局，以整顿地方，立自治之基。在李平书看来，这不是与专制王朝争夺地方自主权，而是“国家自分其权予地方，予不予之权操自国家”。

1911 年，李平书被任命为民政总长——上海地区最高的行政长官。他以此为契机，实施拆城墙、填濠沟、筑马路，实现了其多年的变革夙愿。在李平书苦心经营下，上海城厢内外面貌大有改观。1927 年 12 月，李平书逝世。

李平书作为上海绅商代表，也在晚清上海地方自治中起到了重要作用。上海士绅们不忘这位清廉自矢、功绩卓著，办理地方事务长达三十年之久的杰出人士，公议立谥，称“通敏先生”，赞扬他在复杂纷繁的社会大变革时代，能够明辨事理，应对有方，建立了足以垂名后世的不朽事功。

轶事点击

光复上海

1911 年 10 月，武昌起义爆发，清王朝统治岌岌可危，这也让上海的革命党人看到了成功的希望。李平书也在这一年达到了他人生的巅峰，成为辛亥革命上海光复的领袖，上海首位民政总长。

在武昌起义之前，以李平书为首的上海绅商一直致力于地方自治，即因清廷腐败而要求独立自主，保护上海，为民谋福祉。然而，上海商人们寄希望于清廷能够立宪，三次进京请求立宪，都遭到拒绝。最终，武昌起义让上海绅商放弃了君主立宪的念头，与革命党团结起来，共同走进辛亥革命风暴。

1911 年 10 月，在革命党和上海绅商的共同努力下，上海大部分清军和军警已被成功策反，不再听命于清政府，仅剩江南制造局的驻军没有归附。11 月 1 日晚，革命党和绅商代表召开会议，会上革命党人陈其美提议“上海首先发难”，由上海先行举事，待苏杭响应。李平书支持陈其美，并提出少数服从多数的意见，最后会议通过“上海先动”的方案。起义，箭在弦上。

豫园荷花池中李平书的铜像

11月3日下午，救火联合会钟楼上的钟声如约响起，革命党敢死队和商团武装人员共计数千人齐集南市，陈其美、李平书等人纷纷登台演说，宣布起义，当场撕毁清王朝的标志——龙旗，改悬起义白旗。下午4时，上海各县各城楼都挂起白旗，守卫都换成了革命军，上海道署、县衙等官署都被革命军掌握。4日凌晨3点，清政府在上海的最后一个据点——江南制造局被攻克，历时16小时，上海光复。

11月6日，沪军都督府成立，陈其美任都督，李平书被任命为民政总长——上海地区最高的行政长官，随后李平书发布《安民告示》：“上海巨埠，保护华洋。免受兵火，独立主张。凡我商民，切勿恐慌。照常营业，匪棍宜防。如有闹事，军法照行。本军府示，各各传扬”。

上海的光复是革命党人的胜利，也是绅商的胜利，李平书带着胜利的喜悦和自治的理想开始总理地方事务，引导光复后的上海迅速恢复秩序。他本人也从一个饱受三纲五常熏陶的士大夫，转变成为中华民国的缔造者之一。他贯彻早年的医国之志，将一家一姓的专制国家改造成五族共和的国家。遗憾的是新生的民国积贫积弱，积习已深，只是在形式上赶走了皇帝，但旧痼依旧，李平书也于次年被撤职，流亡日本，他的医国之志依旧没有实现。

故事启迪

出生于清末的李平书自幼深受儒家学术的熏陶，其做人处事秉持儒家思想，在风云变幻时代，以其博学的知识、开放的眼光，顺应时代，为上海光复、地方发展贡献了自己的力量。李平书故后深受世人敬仰和尊重，与其为人处世的高尚品德分不开，其一生为人正直、操守严谨，忧国忧民，时刻遵循着读书人的做人原则。这些品德和原则依旧值得现代的学子秉持和发扬。

书语心言

李平书晚年醉心于金石、文艺，自编《平泉书屋》目录二册，著有《新加坡风土记》《且顽七十岁自叙》《上海自治志》等，辑有《补花间集》等。

李平书偶事吟咏，诗词传世不多。1915年，李平书写下《平泉爱国歌》和《平泉爱群歌》，反思了民国建立以来的政坛风云，抒发了自己的爱国热诚。收录其中一首：

《平泉爱国歌》

劝同胞，且勿哗，听我平泉爱国歌。

自从皇帝开中国，二帝三王德政多。洎夫秦始行专制，二千余载扬其波。前年推倒清政府，改革政体称共和。大家脱离专制苦，堂堂民国号中华。吾同胞，欢若何！

破坏方终建设始，纷纷政客乘时起，党派朋兴南北争，抛却国家真宗旨，无端暗杀宋先生，蓦地风云斗虎兕。独立声中一刹那，胜负终朝分彼此，可怜流血满长江，枉杀万千后生子。国脉伤，民意死，吾同胞，伤心矣！

内忧未靖外患萌，欧西大战东亚惊。强邻伐虢假虞道，中立无援噤勿声。貔貅十万横泰岱，海封港兮陆结营。升堂入室由其便，将军巡按倒屣迎。莫问国防与国体，但忧家贼暗谋生。均势破，国将倾，吾同胞，曷为情？

前清外债已累累，我民担负实难支。况复年年筹借款，千兆万兆无穷期。但使用之皆得当，不恤力尽与筋疲。何为养兵如养贼，敲我骨兮剥我皮。何为养官如养虎，吮我血兮吸我脂。吁嗟乎！同根相煎何太急，釜中煮豆釜下萁。吾同胞，曷胜悲！

而今往事休提起，万斛牢愁一笔勾。劝同胞，莫相尤，且商量，救国保金瓯。

我中华民国土地广，我中华民国物产富，我中华民国人民稠。兵可强兮财可足，近可交兮远可柔。吾同胞，爱国还须人自爱，蓄吾德兮壮吾猷。夜卧薪兮朝尝胆，去私欲兮公理求。农工商士各尽力，心勿杂兮气勿浮。上下一致莫猜忌，破我釜兮沉我舟，民心固兮民气奋，国势盛兮国政优。到那时，吾同胞，人人享幸福，得自由，不枉我，今朝一曲讴。

潜心治学的潘光旦

人物介绍

潘光旦

潘光旦（1899—1967），江苏省宝山县罗店镇（今属上海市宝山区）人，字仲昂，原名光亶（后以亶字笔画多，取其下半改为光旦），又名保同，笔名光旦（见 1929《新月》），西名 Quentin Pan。社会学家、优生学家、民族学家，清华百年历史上四大哲人之一。

潘光旦出生书香之家，父亲是清末进士潘鸿鼎。潘光旦小时候喜欢躲在父亲的书房里做一条悠游自在的书虫，神秘世界的一扇扇大门递次向他訇然洞开，古今人物的隽言懿行令他目不暇接，父母的言传身教使潘光旦耳濡目染，自然形成重视精神胜过重视物质的心性。

1912 年，14 岁的潘光旦考入清华大学留美预备班。在寒暑两个假期，别人都想方设法寻些乐子放松身心，潘光旦则将一日当成三日来用，学习中文肯下苦工夫，学习英文也铆足了劲头。他说：我是中国人，要是没学好中文，那是一桩羞耻的事情，要是没学好英文，跑到国外去留学，岂不是滥竽充数，贻笑大方？

1922 年，潘光旦赴美留学，入达特茅斯学院，1924 年获学士学位，同年入哥伦比亚大学研究院，获理学硕士学位。留美四年间，他利用暑假在纽约、长岛等地学习优生学、人类学、内分泌学、单细胞生物学等，奠定了他深厚的生物学基础，同时他兴趣广泛，哲学、心理学等都在他的涉猎范围之内。

回国后，潘光旦先后在上海、长沙、昆明和北京等地多所大学任教授。“清华之父”梅贻琦曾两度礼聘潘光旦为教务长，对其刚柔并济的秉性褒赏有加。

1935 年，一位清华学生向潘光旦请教治学方法，他稍稍沉思之后微笑作答：“除了一部分天才之外，只有四个字——‘抓住不放’，铢积寸累，自然会有豁然贯通的一日。”潘光旦天资出众，勤奋过人，古人用“三余”读书，他则用“三隙”读书。哪“三隙”？旅行的间隙、开会的间隙和访友的间隙。他一卷在手，其乐陶陶，可以忘忧，亦可以忘饥。

1967 年，潘光旦因病逝世，其好友费孝通哀叹“日夕旁伺，无力拯援，凄风惨雨，徒呼奈何”。

潘光旦不仅中西贯通，而且品格高尚。徐志摩称潘光旦为“仙”，闻一多赞叹其“圣哉光旦，令我五体投地”。他一生涉及广博，在性心理学、社会思想史、家庭制度、优生学、人才学、家谱学、民族历史、教育思想等众多领域都有很深的造诣。

轶事点击

一根“牛皮筋”

天资聪颖、才华出众的潘光旦却命运多舛。在清华求学的第三年，也就是他 17 岁的那年，潘光旦遭受了人生灾难性的重创，这个健康、聪慧、充满活力的少年竟残疾了。潘光旦在学校跳高时受伤了，后来因受到了感染而被截去了一条下肢。

潘光旦（左二）

潘光旦在家修养了整整一年，当他再回清华的时候，两根拐杖成了他形影不离的伙伴。虽然饱受断腿的痛苦，但展现在同学面前的潘光旦依然豁达，他和同学一起去郊游，撑着双拐走 20 里山路，爬上山顶看漫山红叶。他没有因为体残而自卑，也不忌讳别人提到这一缺陷。有一次上生物课，老师把老鼠的尾巴斩断，想要观察这些老鼠的后代是否也短尾。有人就借此问潘光旦，你的子女将是单腿的还是双腿的？潘光旦至多说一句“不可胡闹”，却从不动肝火。

但腿残还是让潘光旦挂怀。他有一次问校长，自己出国会不会有问题，当时的代理校长犹豫地说，不太好吧，美国人会说中国太没有人了，两条腿的不够多，一条腿的也送来了。但潘光旦太优秀了，师生们说潘光旦不出洋，谁该出洋，就这样他架着两根拐杖赴美留学。

潘光旦后来给自己家取名为“胜残补缺寨”，胜残就是要战胜残疾，补缺就是弥补缺陷。胜残补缺，是潘光旦一生的身体力行。有学生问潘光旦，一条腿给他的人生带来怎样的影响，他想了想笑着说，使他得到更多的看书时间，也是人们一个识别他的标志，这就是潘光旦的豁达与幽默。

费孝通曾经跟潘光旦比邻而居二十年，他总结潘先生的性格是俗话说的“牛皮筋”——屈不折、拉不断、柔中之刚，力不懈、工不竭，平易中出硕果。这种为人治学的韧性当与他对自己的战胜不无关系。

故事启迪

潘光旦集“温、良、恭、俭、让”这些传统美德于一身，他不向古人沿门托钵，也不受潮流颐指气使，治学做人他均能脚踏实地。他一生遭遇困厄，皆能“心存百般忍让”，用感情调和，用理智化解。他用毕生之力，通过人的生理和心理的研究帮助人认识自己。他终生的理想是希望每一个中国人在共同的生活中成为不断前进的积极和健全的人。

书言心语

潘光旦的主要著作有《冯小青》《中国家庭之问题》《日本德意志民族性之比较研究》《性心理学》《读书问题》等。

《冯小青》，潘光旦著

潘光旦将主编的刊物命名为《华年》，意在“助少壮求位育，促民族达成年”。在办刊宗旨中，他写下让今天的我们都应长久反思的文字——“不向古人五体投地，也不受潮流颐指气使，只知道择善而从，择不善而改。不会唱响彻云霄的高调，但求脚踏实地地走去，不臭骂老祖宗，不专怪外国人，只怪自己太不争气。”潘光旦不用情感来唤起五分钟的热度，却用情理来劝勉大家反躬自省。

通文达艺的滕固

人物介绍

滕固（1901—1941），原名滕成，字若渠，江苏宝山县月浦镇人（今属上海市宝山区）。滕固是一位颇具成就的美术理论家，善诗词书法，喜画荷，著作甚丰，被称为中国现代艺术史学的奠基者。

滕固

滕固出生于书香门第，自幼随父辈习古文、学古诗，奠定了其日后丰富的古典文学基础。他曾留学日本，攻读文学和艺术史，获硕士学位，在日期间，受创造社的影响，在《创造季刊》上发表其早期代表作品《壁画》。滕固的小说多创作于20世纪20年代，并深受英国唯美主义文学的影响，自觉奉行新浪漫主义的创作方法，侧重对内在心灵世界的开掘，典型作品如《银杏之果》等。

1929年，滕固赴德国柏林大学留学，1932年获美术史学博士学位，这在当时留学生中为凤毛麟角。回国后，他致力于中国古代美术史的研究，成为一位颇具成就的美术理论家，专著有《唐宋绘画史》《中国美术小史》等。

滕固短暂的四十载生命，为世人留下了近二十种专著和编、译著作以及有待发掘的散佚文章、史料。他在文学、艺术领域，尤其是在中国现代美术教育和艺术理论方面，取得了很大的成就。

台湾《传记文学》刊载沈宁的《走进滕固》一文介绍："滕固是一位学贯中西的学者型的通才，他既有艺术史教学经验，也从事过书画创作，更具有参与和组织国内外艺术活动的能力；他为人正直、工作努力、联系广泛、勤于著述，特别是在中国现代美术教育和艺术理论的研究上，具有开风气之先的作用，为学界所称道。加之他同时具有留学日本与德国的经历，在艺术观念上，兼收并取中西各种学说与流派之精华；在艺术理论上，将西方艺术史研究方法运用到中国艺术研究中，引领了时代潮流"。

轶事点击

临危受命

1937年全面抗战爆发后，大批学校南迁。1938年3月，国立北平艺专与国立杭州艺专在湖南沅陵合并，成立国立艺术专科学校。由于两校在经费、迁校与人员聘用等问题上的矛盾，教育部任命滕固出任国立艺专校长。不久，国立艺专奉命迁往昆明办学，滕固成为国立艺专迁昆明办学历史上的重要人物。

滕固出任国立艺专校长后，为了让学校顺利迁往昆明办学，他派人先行抵昆寻找办学地点，曾先后拟定以圆通中学等地为校舍，后未使用。国立艺专于1939年春抵达昆明，同年12月迁晋宁县安江村办学，教学开始逐渐恢复正常。

1940年滕固任国立艺术专科学校校长时与学生合影

滕固推行“以平实深厚之素养为基础，以崇高伟大之体范为途辙，以期达于新时代之创造”的办学宗旨，主张艺术创作“切戒浮华、新奇、偏颇、畸形”。他还对人事安排和教学规划进行了调整。在人事聘任方面，他广泛延揽人才，进行了重新组合，除原有的留用教员外，又聘请了夏昌世、徐梵澄和唐学咏等人来校任教，还聘请西南联大著名教授学者如潘光旦、冯友兰等到校授课。为了消除两校合并后的各种矛盾，滕固努力平衡各种关系。

沈宁在《走进滕固》中全面评价了滕固先生为美术教育工作的贡献：“在他担任国立艺专校长的近两年三个月的时间内，正是处于战事最为紧张，校舍搬迁频繁，校务及人事关系异常困难而复杂的危难时期，中国的最高美术学府能够在战火中坚持办学，为国家培养出了一大批美术人才，在中国现代美术教育发展史上，应该永远铭刻下滕固的功绩。”

国难当头，教育为重，滕固在“履冰临渊，时虞勿胜”的困苦环境下，以牺牲小我成就大家的态度，在民族危急时刻，以国家利益为重，抱定保持完善国家最高美术学府的态度，担当起这项豪壮的事业。

故事启迪

1938 年 6 月至 1940 年 12 月，短短的两年半时间，滕固在西迁的国立艺术专科学校任校长，临危受命却未得善终，“但开风气不为师”，他在苦难的时代里努力地为国家想问题、出思想、做事情，虽流离困苦、内外煎迫，犹自弦歌不绝，初心不改。

书语心言

滕固在美术理论和诗词、小说方面著作甚丰，有《唐宋绘画史》《中国美术小史》《征途访古述记》《唯美派的文学》《圆明园欧式宫殿残迹》《死人的叹息》《迷宫》等。

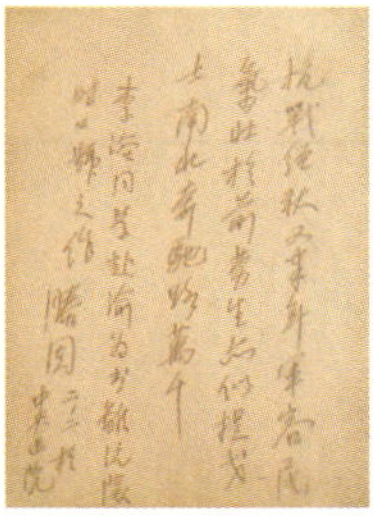
滕固赠诗

1938 年 12 月，国立艺专决定西迁，刚担任校长不久的滕固对李霖灿等步行赴渝的抗战宣传团员大加赞许，赠诗一首：

抗战经秋又半年，军容民气壮于前。
劳生亦似提戈士，南北奔驰路万千。

学海畅游

聆听大师的风采，感受大师的魅力

《大师》是上海纪实频道的一档节目。它展示了中华民族100位开风气之先的前辈的人生经历，他们在中国的实业、科学、文学、艺术、教育、新闻乃至宗教领域作出了杰出贡献，并且他们的思想和精神依然引领着这个仍然在奋斗的民族，其中包括开创现代教育范式的马相伯、致力于女性解放和独立的吴贻芳、社会学家潘光旦、教育家陶行知等。

请同学们选择其中的一集纪录片观看，走近大师，聆听大师，感受大师的魅力，并撰写观影记录。

片名		主人公		观影时间	
内容简介					
观后感					

第三章
天下兴亡　匹夫有责

倾其一生的胡仁济
英勇卫国的陈化成
不屈不挠的十九路军
无私奉献的顾纪长

第三章
天下兴亡 匹夫有责

在江海明珠宝山这块土地上，曾经历过炮与火、涅槃与重生，在这背后是无数英雄的付出。他们修身、齐家、治国、平天下；他们前仆后继、无怨无悔，用自己的青春与生命诠释了天下兴亡，匹夫有责；他们誓死保家卫国，无不演绎着浓烈的家国情怀。

曾记否身受冤屈仍不改前志，一心修筑海塘让宝山人民免受风潮之苦的清廉官员胡仁济；不畏强暴、誓死抵抗外国侵略者的民族英雄陈化成将军；在淞沪抗战中为了捍卫祖国的领土而不惜献出年轻宝贵生命的十九路军将士、姚子青营和中华民国红十字会总会第一救护队；安置难胞、支援前线、创办学校的民主爱国进步人士顾纪长；等等。他们在宝山这片大地上捍卫了国土，捍卫了尊严。他们用对自己祖国和人民的深情大爱，谱写出了一曲曲英勇悲壮的爱国主义颂歌！

倾其一生的胡仁济

人物介绍

胡仁济

胡仁济（1675—1744），号省斋，山阴人，大兴籍，贡生。清雍正十二年（1734）他从扬州调来宝山任知县，是宝山第十七任知县，在任七年又三个月。

胡仁济上任时，正值宝山遭受雍正十年的一次大潮灾之后，百姓生活困难，沿海沿江土塘大半坍塌。为抵御海潮灾患，胡仁济在任七年多，连年主持修筑海塘。

胡仁济到任伊始，即下令修筑海塘，不久就修筑成一条从吴淞口到顾泾镇的长12公里的长堤，并自捐100两俸银。乾隆元年（1736），胡仁济又捐出俸银，修筑江东土塘内坦坡。后来为了确保长久平安，胡仁济写了请筑石塘的呈文，后经朝廷批准修建石塘。几近周折，海塘终于修成且沿用至今，保一方黎民平安。

轶事点击

一心为民筑海塘

宝山，地处长江入海口，历史上宝山人民曾吃尽了风潮的苦头。每年七八月间，风潮一来，冲垮江堤，城内城外一片汪洋，农田被淹，庄稼颗粒无收，房屋倒塌，百姓流离失所。胡仁济调任宝山知县后，下定决心要率领宝山百姓修筑海塘，一起制服“龙王”。

川沙决口的海塘

经过胡仁济很长时间的奔走呼吁，反复的申请哀告，为保护宝山人民生命财产不受风潮侵害而申请修筑石塘的呈文终于在乾隆四年（1739）被上司批准。胡仁济派人四处采购木材、石料、铁坯等各种物资，择定吉日，组织工匠和民工，动工兴建。鉴于入海口地势险要、风急浪大的特殊情况，为了使所建石塘千年万代永保平安，必须加工加料、注重质量。胡仁济决定把桩木由原来的“丈二筒”一律改为“丈八筒”，连结石板用的铁锭榫由原来的每只 1 斤（500 克），全部增加为每只 2 斤。经费不够，胡仁济决定将老家祖传的当铺盘出去，把所得银两捐给海塘工程。平时，胡仁济全家粗茶淡饭，省吃俭用，把省下来的俸银全用来修筑石塘。可以说，胡仁济呕心沥血，宵衣旰食，慷慨解囊，倾尽家产，在所不惜。

俗话说，天有不测风云，人有旦夕祸福。正当胡仁济精神抖擞，与百姓们同甘共苦，日夜奋战，大见成效的时候，想不到祸从天降：他突然被革去了官职，逐出了县衙。大家愤愤不平，都为胡仁济鸣冤叫屈。

海塘

事情原来是这样的，当时宝山县属江苏省太仓州管辖，太仓知州傅椿是个贪得无厌的赃官。他看到胡仁济负责如此巨大的工程，竟以小人之心度君子之腹，以为油水一定很足。他以检查工程进度和质量为名，旁敲侧击，想向胡仁济捞点油水，想不到被胡仁济义正词严地拒绝了。傅椿因此便怀恨在心，于是利用手中的权力，给胡仁济罗织了许多罪名，向朝廷参了一本，革去了胡仁济的官职。

后来百姓得知省里有位布政使大人要来宝山视察海塘工程，立刻联名写了诉状，为胡仁济鸣冤伸诉。布政使大人经过调查核实，证明胡仁济不仅清白无过，而且为了建造石头海塘，倾尽家产，深受百姓的尊敬爱戴，根本不存在偷工减料、以次充好、私吞银两的问题。事实证明傅椿完全是无中生有、捏造事实、恶意诬陷。不久，胡仁济一家终于得到平反昭雪，宝山百姓无不欢欣鼓舞，纷纷焚香放炮，以示庆贺。

宝山百姓为了纪念胡仁济，把这石头筑成的海塘称作“胡公塘”，尊称胡仁济为“胡太爷”，并集资建造了胡公祠，供奉其塑像于祠间，年年香火不断。

故事启迪

胡仁济为官清廉，时时刻刻为百姓着想。为主持修筑海塘，他不惜变卖家产，身陷冤案，仍不改前志，终于带领百姓筑成“胡公塘”。宝山人民从此不再受风潮之苦。胡仁济尽心尽责，是百姓的好父母官。

书言心语

上海市历史博物馆的众多文物中有一件清代宝山县令胡仁济留下的手迹《胡仁济劝民十则》楷书轴。

这件《胡仁济劝民十则》楷书轴，轴心长 90.5 厘米，宽 58.5 厘米，创作于清乾隆九年 (1744)，它记载了宝山县官民合力兴修海塘、抗灾斗天的历史和胡仁济为官多年造福百姓的心语。

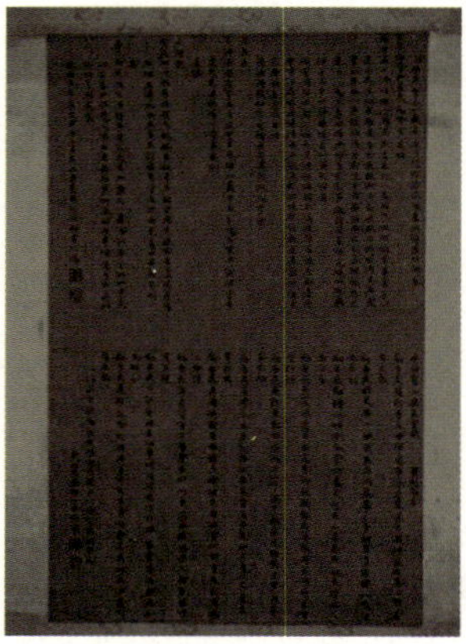

《胡仁济劝民十则》楷书轴

英勇卫国的陈化成

人物介绍

陈化成（1776—1842），鸦片战争时期守卫吴淞、英勇抗英的著名将领，字业章，号莲峰，汉族，福建同安县（今属厦门市）人。他自幼熟习水性，精武艺，尚气节，智勇过人，出身行伍，历任嘉庆间参将、道光间总兵，鸦片战争爆发时任福建水师提督，迎击英舰，旋任江南提督，道光二十二年（1842）与英舰力战而死。

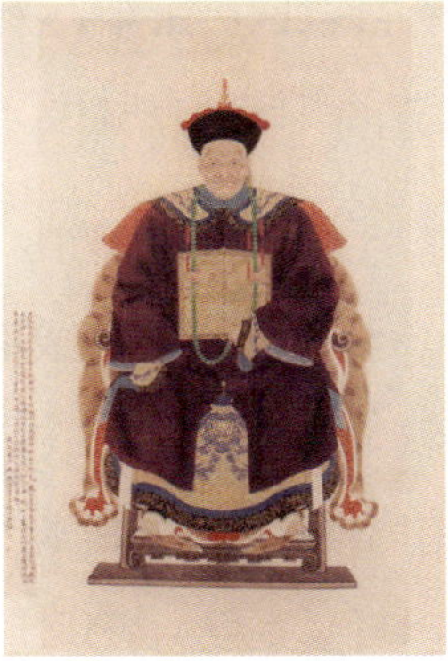
陈化成

陈化成1776年出生于福建省同安县丙洲村一个塾师家庭。16岁时随伯父移居台湾，于淡水厅兴直（今台北新庄）一带成长。后入行伍，勇敢战斗多年，历任把总、千总、参将、副将等职，一路擢升至金门总兵。道光十年（1830）被提升为福建水师提督，驻守厦门。陈化成到任后，督率水师认真巡逻、严行堵截。在闽浙总督邓廷桢的支持下多次击退来犯的英国舰队。

陈化成一生戎马倥偬，著战功于闽、粤、江、浙，为官清正，驭军有纪，约己尤严。陈化成在第一次鸦片战争的吴淞战役中壮烈殉国，是中国近代史上著名的爱国将领和民族英雄，也是上海近代史上第一位民族英雄。

轶事点击

吴淞口之战

1841年8月，英国侵略者攻陷厦门，9月再次攻陷定海、镇海、宁波，厦门陷落。1842年英国侵略者进一步扩大战争，拟沿长江内犯，占领南京。同年5月英军先攻陷江浙两省海防重镇乍浦，然后企图攻占上海，见吴淞防备极严，未敢轻入。陈化成自度敌人必攻吴淞，乃进一步固防，稽查汉奸，申明纪律，激励士卒，誓师抗战。

陈化成血战吴淞炮台

英国侵略者传言：“不畏江南百万兵，唯惧一人陈化成。”为此，侵略者为进攻吴淞要塞，颇用心机。他们先派奸细窥探吴淞炮台，6月又从印度派来援军。侵略者先对吴淞炮台进行试探，恣意挑衅。接着侵略者用木排浮来战书，陈化成不予回应，将战书掷于海塘之外，同时发布命令，准备抵抗。当时清廷两江总督牛鉴被敌人的武力吓坏了，亲至陈化成兵营，说敌人船坚炮利，难以抵挡，不如迎接犒劳侵略者，缓和气氛，延缓开战日期，企图逃避战斗。陈化成愤然说："某经历行阵，四十余年，今日见贼异议，是畏敌也。且某奉命剿贼，有进无退。"他对兵士们说："我今日极力用兵，欲以死报国恩，汝等幸助我全忠节焉。"兵士们尤为感奋。

1842年6月16日，英国侵略者以大小船只百余艘、陆军万余人，全力进攻吴淞要塞，67岁的老将陈化成率官兵五千人把守吴淞炮台，麾令开炮抵抗。激战几小时，打伤敌舰几艘。战斗打响后，牛鉴排列着总督仪仗前来观战，被敌舰瞭见，开炮轰击，炮弹落在附近，牛鉴吓得魂不附体，慌忙脱掉纱帽朝靴，混在士兵中逃跑。牛鉴一逃，把守吴淞东炮台的参将崔吉瑞、游击董永靖和防守宝山城西北的徐州总兵王志元也跟着溃逃，于是全军大乱，陈化成扼守的西炮台成了孤军。敌人乘势猛攻西炮台，陈化成率士卒死战，身受七处重伤，犹自秉旗促战，大呼"毋畏！施炮……"陈化成声渐微弱，一直到壮烈牺牲，呼声不绝。敌人登陆后，占领西炮台，宝山也随之失陷。部将将陈化成的尸体匿于芦苇中。

惊悉陈化成等壮烈殉国，全国朝野震惊。陈化成部下刘国标冒着生命危险护其尸至嘉定武庙。大殓公祭之日，上海各地民众罢市举哀。道光帝闻讯后，赐祭葬，命于同安、宝山两地建专祠。在运柩归葬原籍时，沿途民众和文武百官结队焚香护送。

故事启迪

吴淞口之战，彰显了中华民族为保卫国土，不畏强暴，与外国侵略者血战到底的英勇气概。陈化成将军以自己的鲜血和生命，在吴淞口谱写了一曲民族正气之歌，他的民族精神永远活在人民的心中。

书言心语

坐落在上海宝山区友谊路1号临江公园内的陈化成纪念馆，原设于孔庙大成殿内。1992年6月16日，在民族英雄陈化成殉国150周年时建成开馆，赵朴初题写馆名。纪念馆建筑面积320平方米，其中陈列面积为170平方米。展览分为陈化成"少年从军""历著战功""誓

临江公园内的陈化成纪念馆

死抗英”“壮烈殉国”等章节，大致勾画了陈化成的一生。

2002年，纪念馆重新改建开放。新建的纪念馆，采用了平面和立体交错、文物与历史对应、故事与场景相结合的陈列手段，运用声、光、电效果，真实而艺术地再现了陈化成将军在鸦片战争“吴淞之战”中率部英勇抗战、浴血奋战的悲壮情景。紧靠在陈化成纪念馆的北首，是一个大型的纪念广场，广场中心矗立着一座高达7米的陈化成全身铜像。这里已成为上海市爱国主义教育基地。

临江公园内的陈化成塑像

2015年，纪念馆移建至大成殿东侧。

不屈不挠的十九路军

人物介绍

20世纪30年代，日本侵略者发动了震惊中外的淞沪战争，濒江临海的宝山，是战争的主战场。烽火遍野、战况激烈，不屈不饶的十九路军、视死如归的姚子青营、不怕牺牲的中华民国红十字会总会第一救护队，为了捍卫祖国的领土而不惜献出了宝贵的生命，体现了中国军人的爱国精神和民族气节。

淞沪抗战中的十九路军

国民革命军十九路军是中华民国国民革命军的一支部队，前身是粤军第一师第四团。1926年由粤军第一师改为国民革命军第四军，在1930年中原大战中助蒋介石击败冯玉祥、阎锡山，番号改为十九路军。

1932年1月28日日寇又悍然出兵进犯上海闸北。当时驻防淞沪地区的国民党爱国将领，十九路军总指挥蒋光鼐、军长蔡廷锴率全军将士奋战抗击敌人，震惊中外的“淞沪抗战”爆发。

日本陆海空三军10万人进犯上海，宣称4小时便可占领上海。仅有3万人的驻沪十九路军用极为简陋的武器和日寇激战 34 天，日军先后四易统帅，仍未能攻占上海。这是甲午战争以来，中国人第一次在战场上扬眉吐气的反侵略战争。

十九路军在北伐战争、中原大战和“一·二八”淞沪抗战时期极强，是中国战斗力最强的军队之一，被誉为“铁军”。

轶事点击

淞沪抗战之吴淞炮台守卫战

日本帝国主义得寸进尺，企图侵占上海，作为继续侵略中国的基地。1932 年 1 月 28 日夜间，日本侵略军由租界向闸北一带进攻。驻守上海的十九路军，在全国人民抗日高潮的推动下，由蒋光鼐、蔡廷锴率领，奋起抵抗，开始了淞沪抗战。敌军司令盐泽狂妄叫嚣：“一旦发生战斗，4 小时即可了事。”然而战事第一周，敌人向闸北防地的数次进攻都被击退，还被截获铁甲车 3 辆。进攻江湾的一个联队敌军也被包围歼灭，盐泽做了败军之将，被免了职。

十九路军敢死队

淞沪抗战中的十九路军

在激烈的战斗中，蔡廷锴亲赴吴淞要塞督战。路上两发炮弹在距他座车 10 米处爆炸，还有一发落在 2 米处，幸未爆炸。他毫无惧色，弃车步行到吴淞守军阵地。蔡廷锴拿出 2 瓶白兰地酒，对守卫吴淞要塞的将士们说：“此酒是人民慰劳你们抗敌英勇的表示，你们不要辜负人民，应尽责任，死守阵地。”官兵们激动地回答：“人在阵地在，誓与吴淞要塞共存亡！”吴淞炮台已被炸毁，步兵仍坚守阵地，浴血狙击，毙伤敌人 1 000 多人。敌军在吴淞登陆的计划变成泡影，从几面包抄吴淞守军的企图也未得逞。

同年 2 月 20 日，敌军第九师团长植田谦吉又发起了总攻。敌人先以飞机、大炮向十九路军全线猛烈轰炸、炮击达 3 小时之久。当敌军靠近我江湾、庙行守军防地时，手榴弹如雨点般在敌人头上开花，勇敢的战士们似出山猛虎，纷纷跃出战壕，与敌寇白刃相接，阵地上血肉横飞，死伤枕藉。一连几天，日军的进攻均被击退。

故事启迪

十九路军淞沪抗战是中华民族抗击日本侵略者的一壮举，十九路军奋勇抗战，让我们感受到了不屈的“民族魂”。它延缓了日本企图侵占中国的步伐，激发了全国军民卫国御敌的斗志，开创了中国军队局部抗日的新局面，在我国抗日战争史上具有非常重要的意义。

书言心语

上海淞沪抗战纪念馆

2000 年 1 月，在上海宝山的临江公园里，建造了一座 12 层高的馆塔一体的“上海淞沪抗战纪念馆”和纪念塔，旨在纪念淞沪抗战。

纪念馆建筑面积 3 490 平方米，馆体由钢材、玻璃等现代建材构成，还有一座传统建筑形式的纪念塔，塔馆合一，塔高 53 米。整栋建筑共 12 层，1—2 层为陈列区，概要介绍“一·二八”与“八·一三”两次淞沪抗战及日军侵华暴行，也展示了中国共产党领导的上海郊县人民抗日武装斗争的史料。3 层以上是纪念塔，塔顶有观景室，可以远眺长江口和俯瞰宝山新城。

无私奉献的顾纪长

人物介绍

顾纪长

顾纪长(1897—1968)，宝山顾村人，学名鸿休，又名熙，兄弟排行第三，人称顾三先生。早年顾纪长毕业于上海南洋中学，民国八年(1919) 留学日本东洋大学，民国 10 年（1921）肄业回国，民国 14 年（1925）加入中国国民党。民国 16 年（1927）初，他任宝山县党部秘书，民国 25 年（1936）任刘行区区长。

“八•一三”事变后，顾纪长邀集各界人士组成“顾村民众服务处”，采办粮草，安置难胞，支援前线，维护地方治安。战争失利后，顾纪长被迫移居上海，为宝山难胞奔走安置收容。不久重返商界，立誓不与日商往来。民国33年到34年间（1944-1945），他先后集股或独资创办宝丰纱厂、俭丰布厂和鸿昌面粉厂，同时出资兴修顾村小学，创办了顾村中学。民国35年（1946）顾纪长出任宝山县参议会副会长。由于对当局不满，于民国37年（1948）辞职。在共产党员李西坪的启发下，顾纪长创办乡村小学和职工夜校，通过办学接触和支持了中共的地下工作，还多方筹措物资迎接解放和支援解放军。

解放后，顾纪长协助政府，发动工商业人士，做恢复生产、安定地方秩序等工作。20世纪50年代初，被选为宝山县第一、二、三届各界人民代表会议代表、常务委员会委员、副主席，苏南第一届各界人民代表会议代表，宝山县工商联合会常务委员。其于1968年2月17日病逝。

顾纪长对发展教育、兴修水利、打击吸毒贩毒、严禁抽头聚赌，做出了有益的工作。他还积极接受统一战线主张，热心于地方公益，同时在工商业社会主义改造中起了积极带头作用。

轶事点击

排除万难建学校

顾纪长在抗战后期继承了祖业，开办了宝丰、俭丰、鸿昌三厂，发展了顾村地区工商业，同时恢复和发展了地方教育事业，先后资助创办了太平、启明、北陆、南黄四所小学（实际上这四所小学都是根据当时中共地下党的需要而创办的，学校里安排了地下党员教师，成为地下党员在顾村地区的立足点），并于1944年成立了有地方各界人士参加的校董会，并亲任董事长，同时创建了顾村中学。

1937年7月7日，抗日战争爆发。8月13日，上海战起。上海沦陷后，顾村地区百业萧条、民不聊生。有识者流散，青少年失学。在1941年至1943年间，曾有彭祖珍、王鸣歧、顾九成等热心教育事业的社会知名人士着手筹建小学，想让失学儿童能入学读书，奈因政府无分文补贴，无群众有力资助，学校似有非有，结果不了了之。当时的顾村镇，虽有轧米、轧花、磨面、榨油等加工厂坊，但由于日伪的封锁，各厂坊业务清淡。面对此种情况，顾村镇上层人士顾纪长先生召集镇上有关厂坊主，议定从收取农民的加工费中提出“成头”，买通日伪关卡。因此，镇上厂坊的加工经营业务才逐渐兴盛起来。此后，由顾纪长牵头，为解决青少年读书问题，发动地方热心教育人士王沂清、支达铨（当时宝丰纱厂经理）、王炳勋（当时俭丰布厂厂长）等成立了校董事会。校董事会公推顾纪长为董事长。建校经费以宝丰纱厂、俭丰布厂、鸿昌面粉厂为基础并募捐筹集。校址选定战前的顾村小学，但顾村小学原有校舍大部毁于炮火，残存的几间教室也被伪警局分驻所占用。经顾纪长出面与伪警局交涉洽商，分驻所迁出后，再经修建，到 1944 年上半年筹建工作基本就绪。

学校虽于 1946 年获当局批准立案，但政府补贴无济于事。顾纪长不畏艰难，继续包揽全部学校行政费用和教师薪水。顾纪长不仅在经济上支助办学，而且在行动上热心于办好学校、教好学生。学校聘请的教师一般是经由当时校董会董事地下党员陈向平介绍的有真才实学的上海市知识青年。每学期开学和结束以及逢时过节，顾纪长总要请全校教职工到他家欢宴一顿，席间他总是鼓励教师齐心协力办好学校，对待学生一律从严管教。同时他的社会身份还掩护了地下党员陈向平同志在学校的一切活动，保证了顾村中学师生的进步活动。

故事启迪

顾纪长是一位毕生进步、追求光明、富有民族正义感并对人民革命事业有一定贡献的民主爱国进步人士。他安置难胞，支援前线，创办学校，他的无私奉献无不诠释着他拥有一颗炙热的爱国之心！

书言心语

顾村中心小学

顾村中学

爱国人士顾纪长兴学救国，他资助恢复顾村小学，创建顾村中学，参与藻北小学等的创办。

现共富新村小学是原藻北小学的旧址。藻北小学创办于 1944 年秋，解放战争时期，是中国共产党上海地下组织在宝山地区的重要活动基地。首任校长李西坪，早年献身于乡村教育，1945 年 4 月加入中国共产党，学校教职员工大多为共产党员。

他们勤奋办学，努力传播革命真理，真诚为群众服务，与国民党反动派进行了多种形式的合法斗争，并积极争取团结地方进步人士顾纪长等，在胡庄、顾村、刘行，兴办了“太平”“南黄”“北陆”“启明”“毅翔”等一批乡村小学和“俭丰布厂职工夜校”，引荐市区二十余名党员到各校任教，扩展党的影响，深入开展工农群众运动，配合中国人民解放军解放上海，做出了贡献。

解放前夕，藻北小学被毁，解放初重建，易名为“胡庄小学”。今新校舍迁建落成，复称“藻北小学”。

学海畅游

1. 开展“寻历史遗迹，忆爱国名人”活动。

以小组为单位，利用双休日参观临江公园（宝山区友谊路 1 号）内的历史纪念景点，缅怀先烈，牢记历史。公园内有陈化成纪念馆、陈化成纪念广场、淞沪抗战纪念馆、淞沪抗战纪念塔、姚子青营纪念碑。

2. 在宝山这片热土上演绎着无数个爱国之士的英勇故事，让我们为之感动。不仅仅在宝山，在中国还有无数人拥有着浓烈的家国情怀。

（1）你还知道哪些爱国人士吗？请你收集相关资料填入下表。

人物姓名	人物生平	人物成就	值得我们学习的地方

（2）选取让你最为感动的一个故事，写下该故事与同学们分享。

____

____

____

第四章
妙笔生花　钟灵毓秀

东方安徒生陈伯吹
漫画战士沈同衡
本土作家沈家祺
新连环画开拓者顾炳鑫

第四章
妙笔生花　钟灵毓秀

宝山钟灵毓秀，人杰地灵，在这背后也离不开文学家与艺术家的默默付出，他们以笔为刃，用自己的文学和艺术作品诠释了天下兴亡、匹夫有责。他们用各种文学作品形式，形象地反映生活，表达对人生、社会的认识和情感。通过阅读作品，读者可以了解宝山当地的风土人情，感受社会不同阶层的生活状况，体验人生的与众不同，也从内心里反思自己，解读自己，完善自身人格。

在文学艺术的舞台上将毕生精力奉献给儿童文学事业的陈伯吹；运用漫画武器，同国民党反动派进行殊死斗争的漫画战士沈同衡；扎根生活一线，坚持为小读者输送精神食粮的宝山本土作家沈家祺；画风严谨写实，一生探索、一生辛劳，终结硕果的连环画家顾炳鑫。他们勇于探索，不懈追求，从容淡定，温婉大气，以非凡的毅力和令人折服的艺术成就，驰骋于文坛与画坛。

东方安徒生陈伯吹

人物介绍

陈伯吹

陈伯吹（1906—1997），原名陈汝埙，曾用笔名夏雷。上海市宝山区（原江苏省宝山县）人。陈伯吹先生是跨越了中国现代儿童文学家、翻译家、编辑出版家和教育家，是中国儿童文学的一代宗师和巨擘，是“中国现代儿童文学的先驱与奠基人”，被誉为“东方安徒生”。

陈伯吹著有童话集《一只想飞的猫》，评论集《儿童文学简论》等。1981 年创立陈伯吹儿童文学园丁奖，鼓励国内作家参与儿童文学创作，1988 年此奖改名为“陈伯吹儿童文学奖”。

陈伯吹先生把毕生精力奉献给儿童文学事业，对中国儿童文学事业作出了杰出的贡献，在海内外享有极高的声誉。他的儿童文学创作、翻译和理论研究是中国儿童文学的宝贵遗产。在他 91 年的生命历程中，有 75 年是在儿童教育、儿童文学创作、翻译、编辑、出版和研究中度过，他的一生是为儿童的一生。为幼芽和小苗洒泉水，他献出了毕生的心血。春蚕吐丝，落英成泥。他善良和纯净的灵魂，伴随着他留下的无数篇童话、小说、诗歌、散文和翻译作品，在人间飞翔，在一代代小读者的记忆里存活和流传，直至永恒。

轶事点击

红蓝铅笔

1932 年 1 月 28 日，日本侵略军在吴淞口发动战争，对上海进行了疯狂轰炸，致使这座大都会的经济、文化、民生设施都遭到大规模的破坏。上海的书刊出版业也没有幸免。当时，雄霸上海滩书业的商务印书馆损失最为惨重，不仅中西文图书馆毁于炮火，印书馆的印刷设备也几乎瘫痪。

那一段日子里，陈伯吹把手里的红蓝铅笔握得紧紧的，奋笔创作了中篇小说《华家的儿子》《火线下的孩子》等作品。《华家的儿子》是一部“战斗性”很强的作品，小说里的“华儿”是在屈辱中奋起的中国人民的形象，他想通过这样一个形象，唤醒全国的少年儿童，坚强起来、团结起来，不做亡国奴，而要做一个顶天立地的“中国人”。

陈伯吹作品《黑箭》

淞沪停战协定签署后，战事暂告结束，社会秩序逐渐恢复，书刊出版也百废待兴。从 1934 年起，陈伯吹担任儿童书局编辑部主任，主编《儿童杂志》《儿童常识画报》《小小画报》三种杂志，同时还和儿童书局的同事一起，编辑了一套有两百本之多的“儿童半角丛书”，以及 120 本“我们的中心活动丛书”等。陈伯吹把全部的精力都投入到刊物的编辑工作之中，编稿、写稿、审稿，一支小小的红蓝铅笔，描画着他生命的全部色彩。

故事启迪

“欲把名声充宇内，先将膏泽布人间。”陈伯吹先生用一支红蓝铅笔作为参与社会、改造社会、创造生命价值的工具和武器。红蓝铅笔描绘的作品，播撒爱国的种子，为孩子们点燃美丽的良知之灯。

书言心语

《一只想飞的猫》

作品通过一系列生动有趣的情节，成功地塑造了一只“想飞的猫”的形象。这只猫骄傲自大、目空一切，只因抓住了几只老鼠就到处自吹自擂，不切实际地一心想飞而终于摔了跟头。故事生动地说明“虚心使人进步，骄傲使人落后”的道理。

“我是猫——我要飞！”猫在树顶上站得老高老高的。

他学着飞的样子，张开两条前腿，伸直两条后腿从树顶上“飞”下来了。

在半空中，他翻了个跟头，喊着：“啊，坏了！坏了！”快掉到地面上时，他倒栽着摔下来。

他摔得不轻，四脚朝天，好久好久爬不起来。

——节选自《一只想飞的猫》

《骆驼寻宝记》

作品描绘了骆驼踽踽独行，行一程又一程，趟过了“冷水滩”，涉过了“冰凌湖”，穿过了“热风洞”，挤过了“夹扁谷”，终于来到了“珍宝关”。它不为金银财宝所诱惑，要的是真正的“宝”——思想之宝。骆驼又带上仙女赠送的礼物——改造沙漠土壤的植物，为本乡本土开创新局面。作品赞颂了骆驼埋头苦干、百折不挠的精神。

骆驼蹒蹒独行，行一程来又一程，路越来越狭窄，道越来越不平坦，走了好几里坑坑洼洼的路，来到了冷水滩。

滩很窄，两旁都是冷水，滩上散满卵石，骆驼本来是不在乎这些的，不过现在瘸了一条腿，走起来要麻烦一些，但是他意志坚强，还是步一步地向前走。

——节选自《骆驼寻宝记》

漫画战士沈同衡

人物介绍

沈同衡（1914—2002）笔名石东，上海市宝山区罗泾人。中国新闻漫画研究会首任会长，成就卓著的漫画家、漫画理论家和漫画活动家。1937 年毕业于上海新华艺专西画系。1938 年，沈同衡在武汉由周恩来、郭沫若领导的军委政治部三厅从事抗日宣传画工作。1945 年，他辗转重庆，从事抗日漫画创作，与叶浅予、张光宇等八位画家举办画展，并受到了周恩来的接见。1947 年，他在上海组织漫画工学团，从事革命斗争，为迎接上海解放和新中国诞生作出了贡献。解放后沈同衡任上海美协副主席，1953 年被调入人民日报社工作。建国后，他又创办了中国新闻漫画研究会并担任首任会长。1993 年，他被中国美术家协会漫画艺术委员会授予了中国漫画界最高奖——“中国漫画金猴奖”。

沈同衡

沈同衡一生创作的漫画在万幅以上，为中国新闻漫画事业的发展作出了不可磨灭的贡献，在漫画创作的理论研究上也取得了突出的成就。人们将永远怀念这位中国漫画战线的坚强战士。

轶事点击

漫画工学团

在国民党反动派统治时，为封民之口，国民党政府禁止报纸发表时事漫画。为了蒙蔽舆论，国民党政府不能完全禁止漫画，便只允许上海出版的杂志刊登漫画，以及出版专业的漫画刊物，如《时代漫画》和《上海漫画》，所以那时我国漫画家多出自上海。

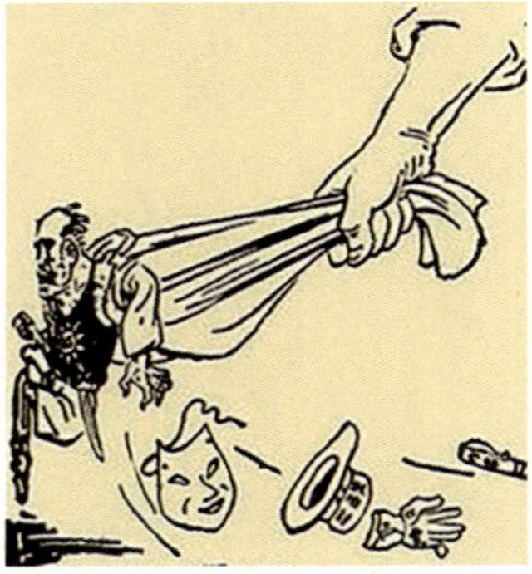

沈同衡作品《原形毕露》

国民党当局腐败不堪，社会动乱，通货急剧膨胀，人民受压迫，生活困苦。漫画作为评议作品，自然会以此为题，进行抨击。沈同衡在报上发表作品很多。漫画家关心国家和人民利益，对时弊自会进行严厉批评。1947 年 2 月，为揭露反动政府的腐败和丑行，沈同衡联合一些漫画家和同道者，在上海组成了“漫画工学团”，创作了一批讽刺画，冒生命危险，到处展览。

1947 年 5 月以后，上海所有的进步报纸刊物都在国民党的政治压力下被迫停业。1948 年后的上海，出现了万马齐暗的局面。为了冲破敌人的高压和封锁，沈同衡作出了举办“漫画月展”的决定，用巡回展览的方式，将富有战斗力的漫画送到群众中去，这是一件十分有意义的创举。参展的作品，除了漫画工学团团员的作品，也包括一部分漫画家的作品，如沈同衡、张文元、陶谋基、范凡、洪荒等的漫画。由此，上海漫画工学团的活动受到了肯定。沈同衡发起和主办的上海漫画工学团在中国漫画史上书写了壮丽的一页。

《沈同衡与漫画工学团》
中共党史出版社，2008年出版

故事启迪

沈同衡创建的漫画工学团，用漫画为武器，同国民党反动派进行殊死斗争，弘扬了我国漫画界知识分子不畏强暴、敢于斗争的献身精神，不断开拓、勇于探索的创新精神。

书言心语

沈同衡陈列室现设在罗泾社区文化活动中心一楼内，共展出沈同衡的漫画作品、诗文作品、生活照片、绘画工具等藏品 110 件，以生活篇、活动篇、成果篇、专题篇、评价篇五大板块，全面展示沈同衡追求真理、追求艺术、为民族艺术事业奋斗的一生。

沈同衡陈列室

沈同衡作品《逼反》[1]

注 [1]：《逼反》作于 1947—1948 年“反饥饿运动”中，是上海漫画工学团为反饥饿大游行所作大幅漫画之一。后因报刊要求，改画成小幅发表，发表时用过“逼反”和“只有反了”等题目。

本土作家沈家祺

人物介绍

沈家祺（1946— ），笔名水波，上海宝山人，中共党员，宝山区唯一加入中国作协的本土的作家。先后就读于上海师专、中国青年政治学院。1972 年沈家祺开始担任教师，当过（中学）班主任、团队干部、政教处主任等职。业余时间他先后在吴淞区业余大学、北京人文函授大学、美国威斯里昂大学等校研修学习。

沈家祺著有童话集《宝囊》，小说集《重返球队》，中篇集《全雀声声》，长篇集《五彩桥》《红土地上的情丝》《走进黑松林》，以及儿童文学集《沈家祺儿童文学作品选》。其还担任《班主任常规工作大全》《辅导员常规工作大全》《主题队会集锦》等十部作品的主笔和主编。

《小麻雀学飞》《爬山虎的歌》先后获全国和上海市儿童文学创作二、三等奖；《炎黄子孙的情怀》《名人自有后来人》获全国三等奖。

沈家祺

轶事点击

爱心作家

作为《春芽》总编，沈家祺在谈到少儿文学的创作时，激动地说："我信奉陈伯吹老先生的话，少儿文学应该是教育的文学。"《春芽》就是他利用双休日，组织 10 余名教师和业余作者精心创办的作文小丛书，书中每一篇文章都反映小作者快乐的课余生活和学习生活，读来亲切可爱。据了解，《春芽》作文小丛书原是宝山农村 6 所小学和上海百老德育讲师团编辑交流的一本读物，当他们请沈家祺出任总编时，他觉得这是在为中小学输送精神食粮，作为一名作家，理应承担这一重任。刚开办到第 3 年，《春芽》就被《文汇读书周报》、东方电视台等主流媒体先后报道过。中国作协儿童文学委员会副主任委员樊发稼先生在陈伯吹儿童文学研讨会间隙，专程赶到《春芽》编辑部，不仅高兴地和小作家座谈，还亲笔题写了"喜看春芽满眼绿"的赞美词，称赞《春芽》可与国内一些少儿文学杂志媲美。近年来，编辑部还把近 1 万本小丛书送给民工子弟学校和部分学校的困难学生，受到区内有识之士的高度赞扬。

沈家祺是作家，更是一位优秀教师。他在宝钢三中任职期间，常常深入了解学生的内心世界，特别关爱"差生"。有一个学生成绩上不去，承受不了各种压力，离家出走，爬上了西去郑州的煤车。沈家祺得知后，立即赶往郑州。当他找到这个学生时，那学生从头到脚沾满了煤屑，邋遢得不成样子。沈家祺忙把他带进浴室，洗干净后给他穿上刚买的衣衫，还请他吃饭……沈家祺把自己的爱心无私地献给了学生，学生的个数也为他提供了丰富的创作素材，《走进黑松林》这部颇有影响的长篇小说，就是这样问世的。

故事启迪

沈家祺成名后仍不忘热爱孩子的初心，他不仅是一位不平凡的作家，更是扎根在火热生活中的一位教育家；他的文章无不烙下时代和个人经历的印记，从他百余万字的乡情散文中，无不渗透着其爱国爱家的美好情怀。

书言心语

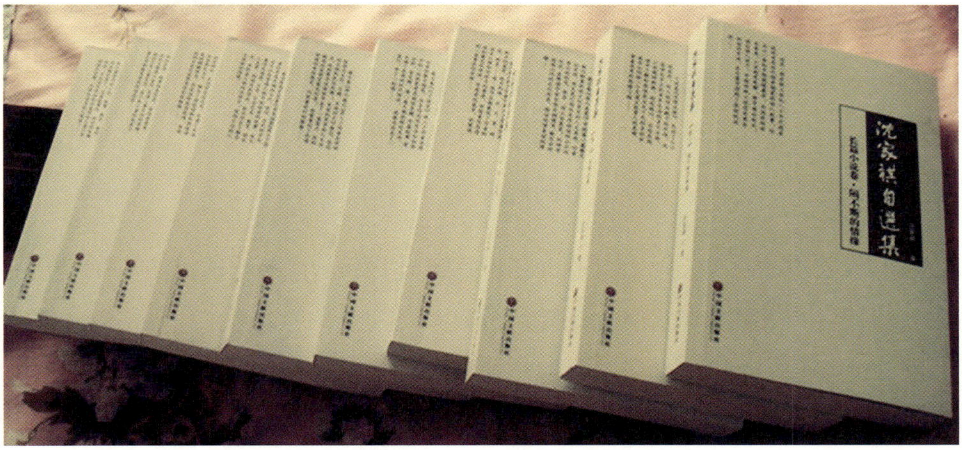

《沈家祺自选集》

《沈家祺自选集》，十卷本，共计 308 万字，由中国文联出版社出版。自选集分为长篇小说卷、小说卷、散文卷、随笔卷、诗歌卷、儿童文学卷等。

回顾创作历程，沈家祺感慨地说，十卷本自选集是他 50 年文学创作的一次较为系统的总结。故乡和祖国的广阔大地，有着写不尽的文学题材和永恒的创作主题。坚持扎根生活一线，向人民群众学习，以现实主义与浪漫主义相结合的创作风格去反映时代的风貌和当代人向往的中国梦，这是作家应尽的责任。文学工作者一定要扎根生活的沃土，放飞自由的心灵，才能写出受时代欢迎的作品。

新连环画开拓者顾炳鑫

人物介绍

顾炳鑫

顾炳鑫（1923—2001），上海市宝山区顾村人，笔名甘草朽木，斋名“芦顶楼”，著名连环画、版画、中国人物画家。顾炳鑫出身贫寒，只上了几年小学，凭着自己对艺术的追求和刻苦努力自学成才。顾炳鑫成名后多次受到国家最高领导人的接见和赞誉，与连环画艺术大师刘继卣并称“南顾北刘”，被誉为“新连环画的开拓者”“白描圣手”等。

其早年创作漫画、版画，20 世纪 50 年代初进入上海人民美术出版社，任连环画创作室副主任。他长期从事连环画创作级古代版画与传统线描研究。80 年代后顾炳鑫进入上海大学美术学院，任国画系主任、教授，致力于美术教学和中国人物画创作。他曾赴美国、丹麦、新加坡等地进行考察、交流、讲学、办画展等。

顾炳鑫的代表作品有：连环画《蓝壁毯》《渡江侦察记》《黎明的河边》《小辫子哥和我》《英雄小八路》《列宁在十月》《向阳院的故事》《玉泉》等近百部作品；版画《药》《阿Q正传》等；中国人物线描画《新英雄谱》《黄巢》《韩非》《三国人物笺》等，中国人物画《一切权力归农会》《白居易问诗图》《对弈图》等，并撰写出版《怎样画连环画》《荣宝斋画谱：人物部分（24）》《顾炳鑫人物线描画稿》《顾炳鑫画集》《顾炳鑫文集》等。

轶事点击

作连环画《方志敏的故事》

20世纪70年代，为了创作连环画《方志敏的故事》，顾炳鑫在上饶地区实地考察收集素材，先后到弋阳、横峰、贵溪、龙虎山等地采风。在上饶的三个月时间里，顾炳鑫画了很多写生，采访了许多老红军、老战士，与方志敏的夫人缪敏见了面。缪敏提出方志敏入狱前是从不留胡子的，身材高大，长得很英俊，而且从不会发脾气冒火的，待人处事永远是文质彬彬、谦逊和蔼的。她希望顾炳鑫创作的形象能够还原方志敏的真实面貌。顾炳鑫搜集了大量的素材资料，将速写与人物肖像结合到创作中，并根据内容的需要选择了水墨加炭笔画的形式来创作，每幅画面都需要经过铅笔起初稿、毛笔水墨渲染绘制稿、炭笔刻画塑造完稿的创作过程。

连环画《方志敏的故事》

在弋阳期间，弋阳县电视台原副台长俞石钟一直陪同顾炳鑫收集素材。据俞石钟回忆，顾炳鑫没有任何大画家架子，50 岁的他住招待所，吃食堂，出行坐公共汽车。每天一大早就起来，到处作画写生，笔不离手，没有参照物就画自己的手，每到一处，他都要画上很久。

主题画
《方志敏入党》

在上饶的日子里，顾炳鑫免费为方志敏纪念馆创作了一幅画。该画再现了方志敏同志面对党旗庄严宣誓的场景，以艺术形式展示方志敏同志忠于党、矢志为党的事业奋斗终生的豪迈情怀和崇高理想。整幅画面色调温润沉稳，描绘技法细腻精湛。画家以黄色和红色作为画面的背景，方志敏神情坚毅，目光炯炯，使整幅画透着庄重肃穆的气息。该画现为方志敏纪念馆馆藏作品，有极高的艺术价值。

故事启迪

顾炳鑫的画风严谨写实、一丝不苟，他勇于探索，不懈追求，以非凡的毅力和令人折服的艺术成就使连环画的创作实践和理论研究成为一座颇具文化辐射力的艺术宝库，以令人敬佩的性情陶冶、灵魂铸造、平民胸怀和生命高度成功地塑造了“炳鑫精神”。

书言心语

顾炳鑫绘制的连环画《渡江侦察记》出版于 1955 年，取材于同名电影，是为纪念中国人民解放军建军 28 周年而作。此书一面世，即受到广大读者尤其是解放军官兵的欢迎和喜爱。1963 年《渡江侦察记》在全国第一届连环画创作评奖中获得绘画二等奖。

连环画《渡江侦察记》展现 1949 年春天，解放军在渡江作战前夕，派遣一队侦察兵巧渡长江，在当地游击队和群众的协助下，完成侦察任务，为渡江战役取得胜利创造条件的故事。画册情节生动曲折，成功塑造了李连长、吴老贵、刘四姐、敌情报处长等人物形象。

连环画《渡江侦察记》

连环画《渡江侦察记》采用铅笔画，在渲染气氛、刻画人物、丰富层次等方面有特别的效果。比如，许多画面中表现的是夜里的情景，如果用白描的方式表现，似乎难表现黑夜，而用版画方式，又过于黑。顾炳鑫选用铅笔画，主要是利用铅笔的灰度能够表现更多的层次，而素描的方式又利于刻画人物性格。

顾炳鑫在表现夜景中的人物活动时，采用了多种手段，包括各种光源的利用。读者阅读故事时会特别关注情节的曲折，于是画家巧妙地利用甚至不存在的光源来表现人物特征。铅笔灰色的运用也十分到位，天空的涂抹、水面的交代、小路的坑洼不平，都让人如临其境。

连环画《渡江侦察记》中不论是人物，还是毛驴、汽车、枪械等道具，顾炳鑫都画得十分逼真，这对于读者来说是一种视觉享受。顾炳鑫能够在如此长篇的故事中，以写实的方式表现人物活动，如此精巧而又准确的素描，在20世纪50年代初，是极为少见的。因此，连环画界“南顾北刘”的说法名副其实。

学海畅游

“朗读经典 共享书香”——儿童文学经典作品诵读会

1. 利用课后时间，以小组为单位进行儿童文学作品诵读，每个小组选出一位优秀的朗读者，进入班级选拔赛。

比赛要求：限时 3 分钟左右，声情并茂地演绎作品，可借助一定的舞台形式（如配乐、道具、表演等）。

2. 撰写一篇读后感，字数不限。

第五章

精雕细琢　巧夺天工

守卫蓝天的陈志英
呕心沥血的高庄
一代焊神曾乐
长江摄影家沈延太

第五章
精雕细琢　巧夺天工

在波澜壮阔的时代画卷中，涌现了一批造诣高深、成果卓著、为众人所敬仰的职业者。他们的态度、习惯、能力、境界激励着那些不懈奋斗投身伟大事业、无私奉献照亮伟大征程的人们。

在宝山，保卫蓝天的中国第一批女飞行员陈志英，只身涉险的长江摄影第一人沈延太，国徽模型设计和塑造者高庄，爱岗敬业、无私奉献的一代焊神曾乐等，化身醉心于璞玉的工匠，用他们的匠心，专注于雕琢精品。“匠”代表一种执着笃定的精神，一种持之以恒的情怀；“心”在于专注。“专”注入了积累的经验和练就的能力；“注”汇聚了整个人的心力和体力。他们用心雕琢精品，他们团结拼搏、锐意进取，用智慧和汗水铸造北上海的明珠。

守卫蓝天的陈志英

人物介绍

陈志英（1928—1968），又名陈新妹，是新中国第一批女飞行员。她出生于上海宝山的一个革命家庭，从小就接受了进步思想，积极要求进步。

1946 年 7 月，陈志英入民校读书，并积极投入民校的各项活动，成为当时中共地下组织培养、考察的积极分子。

1949 年 8 月，她参加了中国人民解放军，成为一名军人，到华东军政大学学习。后来她因为过人的素质被选为新中国第一批女飞行员。

陈志英

1952 年，陈志英和战友们参加“三八”飞行检阅，飞过天安门广场，受到了毛主席以及周总理等的接见。学有所成的她们出色地完成了多次高难度的任务。

1956 年 3 月，陈志英被选中担任部队第一批女飞行指挥员，从拟定飞行训练计划到给女飞行员下达任务，以及空中指挥均由她协助领导组织。陈志英出色地指挥了一批批女飞行员完成改装训练，指挥过飞行员们驾机抢险救灾和执行专机等多项任务，均保证了飞行安全。

1961 年陈志英驾机入川，抢救严重水灾地区人民生命财产，并因此立功。1963 年 8 月，空军运输团扩编为空军航空兵某运输师，陈志英被任命为驻沙河某团副参谋长。为了给女飞行员开拓更广阔的飞行领域，她和女飞行员潘隽如、韩淑琴一道首批改装直升机，并率队驾驶直升机执行飞行任务。

1968 年，外宾来华观看飞行表演，陈志英作为指挥员积极参与工作，但是由于驾驶员的失误导致飞机坠毁，陈志英不幸牺牲。陈志英被中国人民解放军总政治部授予革命烈士称号。

陈志英是新中国历史上第一个特技女飞行员，也是新中国第一个为航空事业献身的女飞行员。

轶事点击

技艺精湛的女飞行员

陈志英身高 1.7 米有余，在 14 位中国第一批女飞行员中身高最高，大家都热情地称呼她“陈大姐”。凭着坚持不懈、艰苦卓绝的训练，陈志英成长为一个技艺精湛的女飞行员。

1954 年的春天，寒潮侵入内蒙古草原，风雪交加、气温骤降。锡林郭勒的牧场上，覆盖着 1 尺多厚的积雪。有的地区牲畜已经有大批被冻死、饿死，上级决定派出飞机空投粮食和饲料，支援牧民战胜风雪，抢救牲畜。女飞行员们听到这个消息，急切地请求执行空投任务。最后，领导确定由陈志英率机组执行这次任务。

当陈志英驾驶的飞机进入草原后，恶劣的气流云团猛烈地吹打着机身，造成飞机颠簸、摇摆，情况十分危急。而她沉着地操纵着飞机勇敢前进，同时机组的同志以敏锐的眼光，仔细地视察机翼下面的地形地况。陈志英按领航员指引的航向，稳稳地把住驾驶盘，向目标地飞去。牧民们听到了飞机的轰鸣声，都从蒙古包里跑出来，挥舞着手中的小红旗向飞机欢呼致谢。陈志英机组将一包包粮食和饲料空投到牧民的手中，圆满地完成任务。

故事启迪

陈志英身为新中国首批女飞行员中的杰出代表，始终把飞行放在第一位。为了祖国的蓝天，为了新中国的飞行事业，她不畏艰辛、坚持不懈，钻研飞行技术，她的智慧、坚韧和顽强永远铭刻在人们心中。

书言心语

新中国第一批共 14 名女飞行员怀着为祖国争光、为党争光、为中华民族争光、为妇女争光的使命，熟练掌握飞行本领，克服无数意想不到的困难，出色完成各项飞行任务。她们牢记毛主席“要训练成人民的飞行员，不要训练成表演员”的教导，在茫茫云海辛勤耕耘，播洒热血和汗水，奉献青春与爱情，甚至宝贵的生命。她们在万里空疆，创造了许多中国第一与世界之最，留下了无数道闪光的航迹，为社会主义建设和国防建设做出了不可磨灭的贡献，为中国妇女开辟了一条通天大道。她们是中国妇女的榜样，是中华民族的骄傲！

女飞行员们和中央首长
集体合影留念

毛泽东主席接见
第一批女飞行员

邓颖超同志接见
第一批女飞行员

呕心沥血的高庄

人物介绍

高庄（1905—1986），原名沈士庄，上海市宝山区刘行人。1927 年毕业于上海中华艺术大学，曾在上海联华影片公司画广告，又在江西陶业管理局研究陶瓷艺术。抗战期间，高庄参加过全国木刻界抗敌协会，创作木刻《鲁迅像》等，参加木刻协会举办的展览，还在广

高庄

西艺术师资训练班教素描、工艺美术。1944 年以后，在北平艺校陶瓷系教设计，后赴解放区任联大鲁迅艺术文学院美术系主任。

解放后，高庄先后任清华大学副教授和中央工艺美术学院教授，是中国美术家协会会员。1949 年 7 月，中央公开征求国徽图案，最终以清华大学营建系设计的图案为基础，要求对图案进行修改并塑造成模型。

当时正在清华执教的高庄接受了这一任务，他参考大量资料，经过长时间的工作终于完成国徽模型的设计和塑造。1950 年 8 月，政务院讨论时，经高庄修改设计塑造的国徽模型被审批通过。

高庄从事艺术和教育工作历时 60 年，在陶瓷、浮雕等方面多有建树，培养了不少艺术人才。最后，他还将自己的遗体献给了祖国的医学事业。高庄在工艺美术方面造诣很深，木刻和素描很有功力，深得美术大师徐悲鸿先生的赞赏。

高庄 80 岁的时候，曾作诗言志：“老牛老来甘埋头，步步耕耘不求酬。青草吃饱已足乐，白骨愿入艺人手”。这首诗反映了这位为人民做出过卓越贡献的艺术家“老骥伏枥、志在千里”的永不停步的可贵精神。

轶事点击

历经波折的国徽诞生之路

新中国成立前夕，选定国徽的工作纳入筹备开国大典的重要议程。但是，作为国家的标志之一，国徽却未能与共和国同步诞生。1949 年 7 月，中央公开征求国徽图案。筹备会第六小组决定聘请徐悲鸿、梁思成、艾青三位专家为国旗国徽初选委员会顾问。在各地应征的多幅作品中，经选择，以清华大学营建系设计的图案为基础，对图案进行修改并塑造成模型。

当时正在清华执教的高庄接受了这一任务。组成国徽的素材包括国旗、天安门、齿轮、麦稻、红绶已经确定，因而高庄主要是利用这些素材在艺术造型上下功夫。他参阅了大量资料，经过几个昼夜的连续工作，终于把国徽模型设计、塑造出来了。

1950 年 8 月 18 日，国徽审查小组审议通过了经过高庄修改后的国徽浮雕模型，定型后

设计国徽

的国徽立体模型是政治性、艺术性、自然性和历史性四个标准的完美统一。当 2 米多高的国徽模型运到沈阳第一机器制造厂的时候，厂里的工人们都为能制作新中国的国徽而激动不已。

在制作国徽的时候，考虑到既要坚实可靠，又不能够太重而给天安门的墙体带来损害，因此决定用铝来铸造。然而建国初期车间的设备短缺，没有化铝罐，工人们就找来车间的废铁堆里边的钢盔、刺刀、铁管，自己烧红了来做这个化铝罐。为了保证铸件的花纹饱满清晰，又从大连和内蒙运来了沙子做砂型。由于国徽太大，为了克服铸件缩型的难题，他们用水不停地加速铝件的冷却。经过多次的试验，第一枚国徽终于成功地制作出来。当工人们看到自己克服重重困难亲手浇制的第一个直径 2.4 米，重 487 公斤的国徽制作成功时，所有的人都齐声欢呼，兴奋得热泪盈眶。

制作模型

第一枚国徽

1951 年 5 月 1 日，凝结着所有设计者和铸造者心血的新中国第一枚金属国徽正式悬挂在了天安门城楼上，国徽是亿万人民崇敬和熟悉的共和国形象，国徽的设计和完成是集体智慧的结晶，更是人民意志的体现，它饱含着所有人对于新中国的向往。

故事启迪

高庄用他在工艺美术方面的高深造诣，技艺精湛的木刻和素描，呕心沥血地为国徽定型设计，他所做的贡献被后人认可。这位才华横溢、技艺高超的艺术家也为祖国培养了一大批德才兼备的艺术人才，为我国的工艺美术教育事业做出了应有的贡献。

书言心语

电影《国徽》

《国徽》是由国家广电总局电影卫星频道节目制作中心出品的历史类电影，影片由孙维民、刘鉴、宫筱轩等主演。影片再现新中国第一枚金属国徽的设计、制作过程及其背后鲜为人知的感人故事。影片于 2013 年 2 月 27 日在国内上映。

影片不仅让人们更加深刻地了解到了国徽的意义和内涵，也再次唤起了人们对伟大祖国的敬仰和爱戴之情。因此，这部影片具有很强的历史价值和现实意义。

一代焊神曾乐

人物介绍

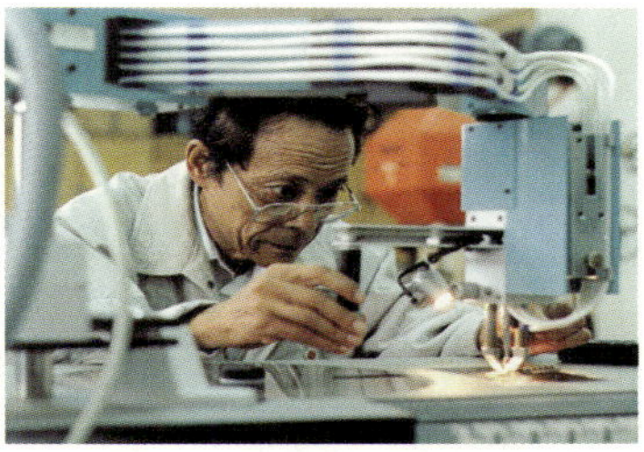
曾乐

曾乐（1932—1996），广东中山人，1952 年毕业于上海同济大学机械系。历任鞍山钢铁公司灵山金属结构厂工程师，冶金工业部建筑研究总院副总工程师兼宝山钢铁总厂工程总指挥部副总工程师、高级工程师，国际著名焊接专家。

长期以来，他以一个中国知识分子的智慧、执着的创造精神，呕心沥血，屡克难关，从事着焊接技术工作。1961 年在国内首创电渣重熔工艺，后来他又研制成功超低碳 18—8 不锈钢焊条。20 世纪 70 年代解决了太原钢铁公司高硅钢冷轧并卷问题。研究成功氩弧焊接工艺和闪光焊接工艺。1989 年曾乐被上海市科协评为科技精英。为全国劳动模范，中国共产党的优秀党员，著有《焊接工程学》。

1990 年前后，曾乐患肝癌，在上海医治无效，遂于 1991 年赴北京中日友好医院求治。在京治疗一个月后，病情显著好转，如果再坚持治疗三个月，就有望痊愈。但曾乐一心扑在工作上，仅仅治疗一个月就带着药回到宝钢继续埋头工作，以至疾病复发，于 1996 年 2 月 5 日 10 点 45 分在上海逝世，卒年 65 岁。

2000年5月30日，曾乐铜像在上海福寿园文星园落成。

朱镕基曾经题词："曾乐同志是知识分子与工人结合的典范，上海人民在振兴上海、开发浦东的伟大事业中，要学习曾乐精神。"人们在学习曾乐时，总结了曾乐精神的精髓，就是"自强与奉献"。曾乐先后获国家科委发明奖、国家科委重大成果奖、全国科学大会奖、国家科技进步奖等几十项奖，又相继被聘为国际焊接协会专家委员、微连接特设委员会的国家代表、西班牙皇家冶金研究中心委员、美国林肯焊接基金会国际委员。

轶事点击

把理想焊接在祖国母亲大地上

曾乐以报效祖国和献身科技事业的精神，在宝钢创建了我国第一个精密焊接试验室，试制出20多种填补国内空白的精密焊接用品，使我国的精密焊接技术达到世界水平。然而这个焊接试验室是如何而来的呢？

宝钢一期工程是成套引进的特大型钢铁联合企业，规模庞大，工程繁浩，自动化程度相当高。曾乐在接触引进资料后，敏锐地意识到今后数以千计的印刷电路板的修复是一个不容忽视的课题。他用了一个多月的时间，走访了上海20多家电子整机厂和元件厂，结论是大量的微电子技术"国内尚无修复能力"，要想解决这个问题需要增加备件数量和临时紧急引进，而这两个方法都花费巨大，且世界电子产品升级换代周期极短，很有可能得到的是落后的，甚至是修复过的部件。为了确保宝钢大型计算机的运行，曾乐决定在宝钢创建我国第一个高水平的精密焊接试验室。

为创建试验室筹集资金，他将自己担任几十个重大建设工程的技术顾问的17万咨询费连同建筑总院的拨款统统用于科研。曾乐每天工作12小时以上。经过多年艰辛试验，精密焊接试验室有明显突破，先后研制出七八种助焊剂。曾乐仅用9年时间就缩短了与国外20年的差距。

1989年9月，曾乐将这座苦心经营的我国第一个综合性精密焊接试验室无偿移交给宝钢。曾乐说："奉献，就在我脚下的这片土地。"他把自己的理想牢牢地焊接在祖国母亲的大地上。

故事启迪

曾乐以他的智慧、执着的创新精神，一生呕心沥血、屡克难关，他魂系焊接，自强不息。他的精益求精推动了我国精密焊接技术的飞速发展，不愧为一代焊神。他的精神将永远激励宝山人民奋勇前进。

书言心语

2000 年 5 月 30 日，由上海油画雕塑院一级美术师、教授、雕塑家唐世绪设计并创作的曾乐雕像在上海福寿园文星园落成。雕像面目清瘦、目光深邃、栩栩如生，充分表现出“焊神”的气质。雕塑基座为整块大理石，上面镌刻着时任上海市委书记朱镕基的题词：“曾乐是知识分子与工人结合的典范，上海人民在振兴上海、开发浦东的伟大事业中，要学习曾乐精神。”

曾乐雕塑

长江摄影家沈延太

人物介绍

沈延太（1939—2000），上海市宝山区罗店人，17 岁赴陕西铜川干部学校学习，20 岁考入中央美术学院版画系，师从古元、李桦、黄永玉等先生。1964 年毕业后被分配到《人民中国》杂志社任美术编辑，1967 年开始从事摄影工作，多次出色地完成了重大题材的图片和文字报导工作。1976 年夏，沈延太参加了我国长江源头首次探险考察，经历了缺氧、疾病和死亡的考验，拍摄了诸多源头的第一批珍贵资料，并确认了长江为世界第三大河流（6 300 公里），为揭开长江源头之谜做出了重大贡献。在随后的三年里，他只身完成了长江源头至入海口的全程摄影报道，并在《人民中国》杂志连载 21 期，这期间大量的长江作品不断地被各类大型项目选用。

沈延太（左下）

1979 年起，沈延太开始任《中国妇女》杂志社摄影美术处处长、编委，出版了很多妇女题材的优秀作品。

在 1981—2001 年间他和夫人王长青利用周末和节假日，拍摄和“抢救”了无数消失中的北京胡同影像，出版了《京城胡同留真》一书。

沈延太于 1980 年加入中国摄影家协会，曾任常务理事、理事。他还担任世界华人摄影学会执行委员、会员评审委员会副主任，中国当代摄影家协会副主席，中国版画家协会会员，杂志《大众摄影》和图书《摄影艺术论文选集》的编委。

沈延太擅长风光、民族风情及人物摄影，作品具有扎实的美术功底，多次在国内外摄影艺术展中获奖并受到好评，是中国著名摄影家、新闻工作者，被喻为“长江全程摄影第一人”。

轶事点击

探索长江源

自古以来，长江源的说法众说纷纭。1974 年，我国测绘工作者们通过航测，终于在十万分之一地形图上比较准确地描述了长江源地区的山脉和水系，为寻找长江源提供了科学依据。2 年后的夏天，包括了地理、测绘、水文、摄影、新闻等专业人员 15 人在内的“长江源拍摄采访考察队”成立，这其中就有当时《人民中国》杂志社的沈延太。

源头冰塔林中瑰丽的冰洞景观
（1976年8月8日）

在经过多次会议和专家论证后，考察队整装出发踏上前往考察长江源之旅。在经过了严格的体检后，他们进入了海拔 4 000 米以上的高原。车行至昆仑山口，进入了被称为“世界屋脊”的青藏高原。放眼望去，可可西里草原无边无际，突然一阵狂风掠过，带来纷纷扬扬的鹅毛大雪。盛夏的高原刹时变成风雪弥漫的冰雪世界。尽管身穿毛衣毛裤，队员们仍然感到凛冽刺骨。由于高原上太阳的强辐射，黑色路面吸热，因而加大了多年冻土的融化程度，道路严重翻浆，甚至还有不少热融湖塘，车队痛苦的颠簸着。同行的记者由于剧烈的颠簸眼镜都震碎了，头

探索长江源

顶鼓出大包。沈延太将相机紧紧搂在怀里，害怕相机受到损伤。在海拔 4 600 米的不冻泉，队员们呼吸急促、步履沉重、心悸耳鸣、头痛欲裂，高原反应剧烈。在这样的恶劣环境下，大家克服困苦艰难，在寻找长江源之路上奋力前行。

故事启迪

沈延太志在四方，为中国的对外宣传和摄影事业辛勤奋斗了一生。他用摄影镜头记录了所到之处的山水名胜、奇观异景乃至风俗民情、社会生活。他勇于追求、不懈努力、不畏艰险的精神让人们敬佩。

书言心语

1976 年夏，沈延太参加了我国长江源头首次探险考察，在青海高原无人区历经 51 个昼夜，经历了缺氧、疾病和死亡的考验，拍摄了有史以来长江源头的第一批珍贵资料。

长江三峡 （1978年）

长江 沱沱河 （1976年）

长江 通天河畔 （1976年）

学海畅游

《大国工匠》是中央电视台出品的纪录片。讲述了一群不平凡劳动者默默坚守，孜孜以求，匠心筑梦的故事。他们用自己的双手，将职业技能发挥到完美和极致。请同学们欣赏纪录片并积极参与“寻找身边的工匠”活动。

1. 请分小组，明确任务分工并记录。

2. 设计访谈表格和问题，探寻走访身边的工匠，学习他们热爱本职、精益求精、敬业奉献的感人品质。

参考表格：

访谈主题					第　　小组
采访者		访谈时间		访谈地点	
访谈对象		职业		单位	
采访问题 访谈记录					

参考访谈问题：

1. 您从事这份工作多少时间？

2. 您认为做好这份工作应该具备哪些知识、技能和经验？

3. 在工作过程中遇到过哪些困难？你是如何克服的？

4. 这项工作需要的个人品质、性格和能力同别的工作要求有什么不同吗？

第六章

上善若水 厚德载物

赤胆忠心的蔡香荪
一身正气的袁希洛
医德高尚的颜福庆
默默奉献的潘银仁

第六章

上善若水 厚德载物

才德杰出的宝山先贤是催人奋进的引路人。他们具有良好的道德意识、道德品质和道德行为，引领社会道德风尚，形成城市文化底蕴。“上善若水，水善利万物而不争”，最高境界的善行就像水的品性一样，泽被万物而不争名利；“地势坤，君子以厚德载物”，道德高尚者能承担重大任务。

曾几何时，我们感受到爱国爱民、见义勇为的蔡香荪，一身正气、两袖清风的袁希洛，救死扶伤、正谊明道的颜福庆，尽心尽责、交口称赞的潘银仁等义士。“人贵有德”，高尚道德让人赢得社会的尊重，让人感受到人性的善良和温暖。他们是模范的群体，是一座城市的文明品性的标杆，更是一个国家繁荣富强的基石。

赤胆忠心的蔡香荪

人物介绍

蔡香荪（1887—1943），又名章，字耀璋，江湾镇人。人称抗战义士，曾为淞沪抗战作出重大贡献。

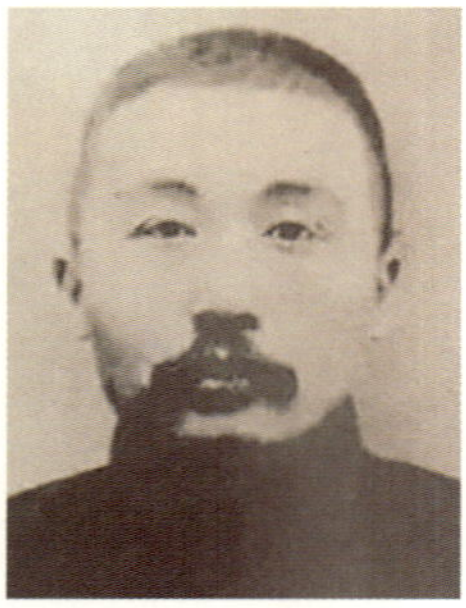

蔡香荪

早年，蔡香荪便参加了孙中山先生创立的同盟会，投身于反清的革命活动，当年的革命志士经常秘密会集于蔡家花园与蔡家老宅中（位于当年黄家桥东市河南北两处，即今横跨于万安路与奎照路之间走马塘的水电路桥东）。

蔡家花园

蔡氏妇科闻名于世，是上海地区四大妇科之一。肇始于清代乾隆年间，历经二百余年，源远流长，至今已传至第八代。蔡氏中医世家主治妇科也兼治内外科，传至蔡香荪已是第六代了。

蔡氏的家训奉行“行医勿忘平民百姓”，而蔡香荪则将它进一步推广到“国家兴亡，匹夫有责”的爱国主义与关怀人民群众的安危之中。

轶事点击

急公好义

1932 年 1 月 22 日，日军集中兵力总攻江湾镇，江湾镇 90% 的建筑被毁，被炸死的百姓也不计其数，蔡家花园与蔡家老宅也未能幸免于难。

蔡香荪在这国难当头、人民遭殃的时刻，不顾自家房屋、财产及大批文物尽毁的惨状，毅然发扬“国家兴亡，匹夫有责”的中华民族高尚精神气概，尽力投身到救亡活动中去。一方面他穿行于枪林弹雨中，抢救出十九路军的一个又一个伤员，并及时组织江湾地区爱国青年成立抢险队和救护队；同时带人筹措医疗器材、药品，成立临时救护所，精心救治十九路军负伤的战士及当地无辜百姓。另一方面又带头出资，与镇上里人乡绅一起设立了难民收容所，收养那些因战争而家破人亡、无依无靠，无法逃难到市区租界的江湾地区的难民，并且每天至少给难民供应两顿粥。

蔡香荪带头出资筹款，购买了棺材，为 1 300 多具烈士的遗体收尸入殓，筹款建牌坊、造墓屋、种花木、辟草地，建起了“一·二八”忠烈墓。忠烈墓于 1935 年竣工，墓地在今水电路场中路，加油站与交通队事故处理所之间的沽源支路一带。

故事启迪

抗战义士蔡香荪不但医术高明、医德高尚，更有在家乡江湾遭受危难之际，表现出爱国、爱民的义举，令江湾人代代相传，他的热心公益、爱国爱民、见义勇为的高贵品质，让我们晚生后辈仰望他、崇拜他，也让江湾镇世世代代的后人永远牢记他。

书言心语

20 世纪 30 年代前后，沪上中医绝大多数为私人开业。名医业务繁忙，通常就挂拔号（照顾某些有特殊原因的病人，予以提前诊治），而蔡香荪的号票与众不同，分为五色。除拔号票面稍大，其余白色是平号，红色为半费，绿色为二角，蓝色为免费，另一种是亲友专用的黄色号票，非但不收费用，且优先就诊。

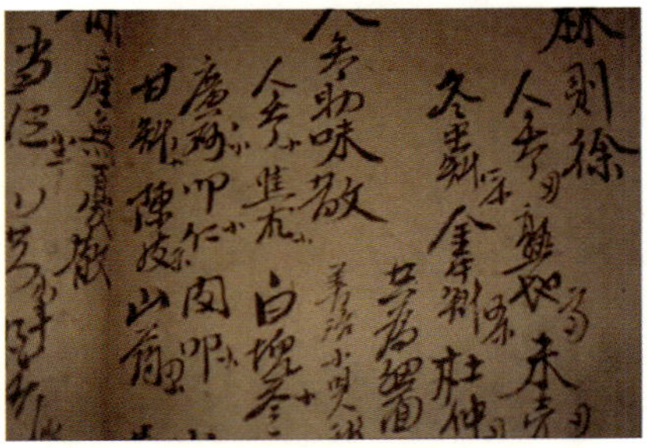

药方清单

旧时社会，生活拮据的百姓很多，平时勉强糊口，一旦有病，即困难重重，碍于颜面又不便启齿。蔡香荪在诊病时若有察觉，一定会主动减半收费或免费，以后复诊，即按此例。在蔡香荪的挂号室门口，悬有一面收费牌，末句明示“贫病不计”，此类病家都无法顾全颜面，实言要求给予免费，蔡香荪一律接待，即使已挂了号，诊费也都退还。他深知这些穷苦人，非病重不肯就医，虽然可以用义诊来解决，但实际上他们的药费还是没有着落，况且一两次的诊治也不一定能治愈，因此非但不收分文，并且赠药，俗称“施诊给药”。有些病重者无法走动，路途遥远，蔡香荪更是资助车旅费给病家，或是抽空亲自前往诊治。

蔡香荪爱国爱民、见义勇为的高贵品质，也体现了中华儿女在民族危难之际不屈不挠的精神，这也是我们江湾的后生晚辈所仰慕之处。

一身正气的袁希洛

人物介绍

袁希洛（1876—1962），字俶畲，号素民，江苏宝山人，是清代末期的秀才，曾就读于上海龙门书院，后去日本留学，光绪三十二年（1906）在东京参加了孙中山的同盟会。他在书法和绘画方面颇有造诣。

袁希洛

袁希洛从日本大学高等师范科毕业回国后立即积极参加了孙中山领导的革命活动，当时他的公开身份是苏州公立中学的监督（校长）。1928 年起先后任启东、太仓、南汇县县长。袁希洛为启东首任县长，撰写《启东设县碑记》，记录了启东设立县治的经过。

袁希洛在南汇县做了两年多时间的县长，是解放前南汇县颇具政绩的县长之一。袁希洛业勤于政，打通一条直达上海市区的通道，为南汇的未来发展拟订出了一个前景规划。

轶事点击

廉洁奉公

袁希洛任太仓县长时，他的上级江苏省民政厅长缪斌就是他的门生。此人以卖官贪污出名，按官职等级要价，但对自己的老师却不敢下手。一天，缪斌以母亲做寿为名，宴请大小官员以敛财。部属们送钱、送贵重礼品，只有袁希洛仅送了一幅纸对联。此事若出在别人身上，缪斌非得找岔不可，而对袁希洛却无可奈何。

袁希洛任南汇县长时，江苏省民政厅长也靠卖官发家，但在袁希洛身上却捞不到好处，也只好把袁希洛留下来，作为自己“廉政”的象征，并厚颜无耻地说：“有人说我卖官，袁希洛是个穷光蛋，照样当县长。不相信，你们问问他出了多少钱买官做的。”

在太仓县长任内，官府有一笔收入，历来都归入县长私囊，而袁希洛却分文不取，把这笔钱用来修县府大堂，打破了封建时代官不修衙的规矩。在南汇县长任期内，他将县府历年归县长独享的烟赌罚金全部拿出来修餐厅和礼堂，并亲书“戒得”匾额，悬挂餐厅，以戒后人。

袁希洛卸任后客居启东，仅靠官俸节余存银行的利息度日，并叮嘱子女，这笔本金在他去世后连同房屋捐赠给地方办学。在启东沦陷后袁希洛迁居上海，遭遇通货膨胀、货币贬值，竟无以为生，只得卖画鬻书，聊以糊口。

故事启迪

袁希洛当了三任县长，一身正气、两袖清风。在任县长期间，他自种棉花、蔬菜，挑粪浇肥，被士绅讥为“挑粪县长”。从现在的角度看，他是这样亲民、率性，廉洁不贪、忠诚履职、一心为公的人，“挑粪县长”其实是美誉了。

书言心语

袁希洛是一个极富个性的人，写得一手好字，画得一手好画，作得一手好文。

袁希洛手书“梅鹿竹成扇”，为古方式，梅鹿竹，九寸十六档。扇面一面为小青绿山水，淡雅疏简、空灵盎古、文气溢然；疏宕青山，远眺层峦；层层古松，姿态各异；山上小屋隐隐；山下河水与山上白云，江天一色无纤尘；画风清润灵秀，笔墨韵致，效果写意；构图精巧，意境高远，似有董其昌之风。老先生用正直、善良之笔，写出了他心中的山水。

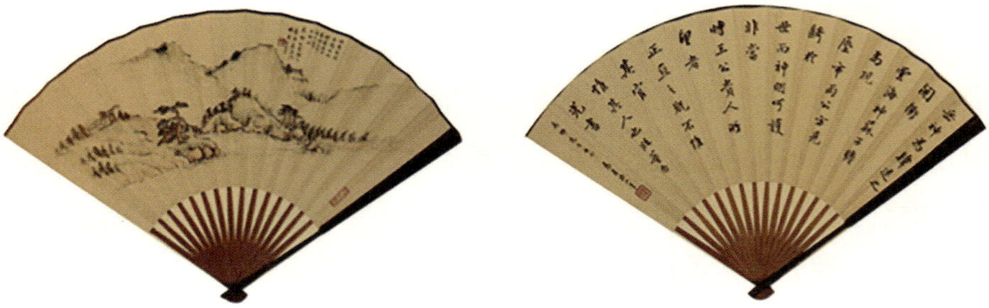

梅鹿竹成扇

款题：“世有光武子陵不妨披裘五月老此山中，戊子夏日作此，禹卿先生雅正，素民袁希洛时年七十又三。”钤“素民”朱印，扇上另有一长印“天下太平之宝”，疑为王禹卿先生的收藏印。先生书法，写得端庄挺秀、意态灵动、气质闲雅、气态老辣，有一代文人学士风貌，文中又直抒了“正直为人”之信念。

医德高尚的颜福庆

人物介绍

颜福庆（1882—1970），字克卿，祖籍厦门，医学教育家，公共卫生学家，出生于上海市江湾的一个清贫的基督教牧师家庭，少年时代就立志学医，是在耶鲁大学第一位获得医学博士学位的亚洲人，还在英国利物浦热带病学院获得了热带病学学位证书。

颜福庆曾创办湖南湘雅医学专门学校（中南大学湘雅医学院前身），任第一任校长，组建中华医学会，任第一届会长，任北京协和医学院副院长，创办第四中山大学医学院（复旦大学上海医学院前身），任第一任院长，创建吴淞卫生公所。创建肺病疗养院（上海市肺科医院前身），并任第一任院长。任上海市救护委员会主任委员，任武汉国民政府卫生署署长。

抗日战争期间，颜福庆担任上海市救护委员会主任委员，发动学校的广大师生和医务人

颜福庆

员组织医疗救护队，奔赴抗日的前方、后方，为伤病员服务。

抗美援朝期间，已 70 岁高龄的颜福庆仍然参加了上海市抗美援朝志愿医疗手术队的组织领导工作。他曾撰文指出："在此抗战时期，不论对于前方之战士，及后方之民众、难民，均需有卫生医疗救护防疫等措施。因此医师、护士等各项医事人员，至为重要。"

颜福庆对中国的医学教育事业作出了不可磨灭的贡献，他将永远留在人民的脑海中。他那严谨、勤奋的治学精神，兢兢业业的工作作风，是广大医务卫生工作者学习的榜样。

轶事点击

仁心扶伤

1956 年 1 月，毛泽东在北京宴请全国知识界知名人士，颜福庆坐在毛泽东左边。毛泽东进入宴会厅，刚落座就对颜福庆说："30 年前，在湖南湘雅医学院我就认识你了。"

颜福庆与毛泽东

颜福庆一愣，回忆了一下。他只记得，有一天湖南都督谭延闿患上大叶性肺炎突发高烧，多位老中医诊治体温仍然高达 40℃，谭延闿请他上门就诊。颜福庆测了谭延闿体温，询问了病史，开了西药就告辞了。第二天，谭延闿的高烧居然退了，除了医治了一位叫谭延闿的病人，其他什么都记不得了。

想到这，颜福庆茫然地对毛泽东说："我一点印象也没有。""当时你是一个知名大学校长，我是一个无名小卒。"毛泽东笑道。

原来，那天下着瓢泼大雨，颜福庆正在办公室，助手进来说："有一位青年求见，他的妻子刚生下孩子就得了妇科病，希望能免费住院，他穷，没有钱。"颜福庆说："让他进来吧。"一个身披蓑衣、头戴斗笠的年轻男性走进来，诉说了事情经过，恳求医院能够免费让他妻子入住看病。

颜福庆当场同意免费住院。就这样，这个青年的妻子马上住进了医院，很快就恢复了健康。这个青年就是毛泽东，他的妻子就是杨开慧。

故事启迪

颜福庆曾对自己的子孙们说："真正的名医不仅要医术精湛，还要怀仁心、施仁术、持仁爱。不管是什么病人，一视无私，为医之人一定仁心扶伤，正谊明道。"

书言心语

颜福庆在兵燹连天年代，回到灾难深重的祖国，以医救民心，以医治天下。

他在筚路蓝缕之中，励精图治，创办国人第一所医学院校，为祖国培养一批又一批的医学人才，桃李不言，下自成蹊。他没有留下什么专著，可他却使许许多多的人，获得了新生。

他被国人遗忘在历史中，可他亲手创办的医院被誉为"北有协和，南有湘雅"，这所医院使千千万万的病人得到康复。颜福庆医学事业之精致，如琢如磨；医学事业之永恒，向死求生。

他默默地走了，可他的精神，纵经战火洗礼，世事变迁，亦不曾衰微，更不会逝去，因为那是真正的永恒！

晚年颜福庆

中南大学湘雅医学院

北京协和医院

默默奉献的潘银仁

人物介绍

潘银仁

潘银仁（1937—2010），江苏盐城人，文化程度初小，宝山区海滨环卫所工人。他从事环卫清洁工作几十年，无论是酷暑盛夏，还是数九寒冬，总是穿着高筒鞋，身着环卫工作服，骑着自行车，车后拖着篾片，为单位或居民疏通堵塞的排污管道。

潘银仁刻苦钻研环卫设备结构，积累了丰富的环卫排故经验，被称为疏通排污管专家。为了能及时地为社区居民和单位排忧解难，还自费在家中安装一部电话，被群众称为“环卫热线电话”。只要铃声一响，无论何时何地，他都乐意前往，为单位、居民服务从未收取分文钱财。他以这种“宁愿一人脏，换来万人洁”的崇高思想境界和敬业精神，受到人们的交口称赞，被誉为新时代的“掏粪状元”和时传祥式的劳动模范。

潘银仁先后被评为上海市“十佳城市美容师”“百件好事先进个人”，宝山区“建设功臣”，上海市职业道德“十佳标兵”，1993、1995、1997 年上海市劳动模范，1996 年全国“五一劳动奖章”获得者。2010 年 4 月中共宝山区委号召在全区开展“向徐虎学习、向身边劳动模范潘银仁学习”的活动，《解放日报》《文汇报》《新民晚报》和上海东方广播电台多次报道了他的先进事迹。

轶事点击

朴实敬业

1959 年，潘银仁在上海吴淞地区当了一名环卫工人，天天挨家挨户为居民倒马桶，再把粪便推到粪码头。吴淞地区的最后一辆手推式运粪车就是从潘银仁手中“退休”的。从此，他成了一名跟车工，每天早上跟着运粪卡车拔粪管，与化粪池打上了交道。他边跟车工作边义务掏粪排污，深深地爱上了这份事业，一干就是 30 多年。

潘银仁年纪大了，单位里让他别再跟车了，他就把义务掏粪变成了专业。每天在早上6点一过，就“全副武装”出门，中午急急吃了饭又匆忙出去，到天黑回来时，他几乎连脱下套鞋的力气也没有了。

潘银仁家里装了电话后，他开始走街串巷，把号码抄给各个居委、学校、工作单位和部队。后来，他索性把自家的电话号码登在报上，向所有需要他帮助的人公开。潘银仁家的电话成了远近有名的“环卫热线”。有些居民通过热线打听到老潘家的地址，就直接找上了门。年初三，是老潘女儿的大喜日子。水产里委陈阿姨因居民化粪池溢出来找老潘，一看这热闹的场面，她又退了出来。正巧老潘看到了，就主动迎上去询问，得知情况以后，老潘连喜庆的衣服都顾不得换，丢下满座亲朋好友，带上工具又去忙开了。

大年三十的掏粪工

1990年以后，潘银仁平均每天外出作业都在3次以上。根据1995年开始的电话服务记录，老潘的足迹遍布宝山、虹口、闸北和杨浦等地。这些年，他几乎没有节假日，一有时间就骑上他的“老坦克”到附近各新村、各单位去查看、打听，只要发现什么地方厕所、阴沟或化粪池出了问题，他就主动去给人家解决。

除了做好疏通排污工作，对设施老化、陈旧易发生堵塞的坑池管道，老潘用心记下，经常定期回访，防患于未然。吴淞四中的厕所经常外溢，老潘知道管道狭窄易堵塞，就常常光顾该校，确保学校教学工作的正常进行。某年大年初八，老潘正在发高烧，但他还是和往常一样，一清早就走街串巷巡防，冒着寒冷的天气，他边打寒颤边工作，硬是在冰冷的水中用手掏出各种污秽，疏通了四只窨井。做完这一切，已是晚上7点多了。

有人算了一笔账，按照环卫部门每捅一次阴沟收费400元的标准计算，潘银仁早就是几十万元的大户了，可是他连一分钱都没有收过，也没拿过人家赠送的任何东西，就连茶水、香烟，也全用他自己带的。许多人说：“潘师傅，现在市场经济了，你干了许多别人拿了钱也搞不好的活，人家送你点钱也是完全应该的嘛。”潘银仁说：“我是专门为大家服务的，我的工资和奖金都在单位里拿，要是你们再给钱给东西，我就不来了。”

故事启迪

潘银仁的这种“宁愿一人脏，换来万人洁”的崇高思想境界和敬业精神，受到人们的交口称赞，被誉为新时代的“掏粪状元”。潘银仁对自己的处境是满意的，对自己的工作是热爱的，就像许许多多的人对自己的本职工作尽心尽责是一样的。

书语心言

潘银仁的荣誉墙

掏粪工人

1992 年被评为上海市“十佳城市美容师”“百件好事先进个人”。

1992 年被评为宝山区“建设功臣”，上海市职业道德“十佳标兵”。

1993、1995、1997 年被评为上海市劳动模范。

1996 年获得全国“五一劳动奖章”。

2010 年 4 月，中共宝山区委号召在全区开展“向徐虎学习、向身边劳动模范潘银仁学习”的活动。

学海畅游

潘银仁从事环卫清洁工作 39 年，以“一人脏换来万人洁”的敬业精神，受到人们的交口称赞。以一种职业为例，开展社会调查。我们应该如何看待“三百六十行，行行出状元”？完成调查报告。

调查内容（可参考）：

（1）可选择一种职业，调查他们的工作给我们生活带来哪些方便和快乐？

（建筑工人、环卫工人、修鞋匠、服务员、管道工、钟点工、出租车司机……）

（2）思考： 如果大家都不想干这一行，会带来怎样的后果？

（3）分享：你身边做着平凡工作却拥有一颗美丽心灵的人。

第七章
推陈出新　继往开来

第七章
推陈出新　继往开来

中华民族拥有悠久的历史和灿烂的文化，风雨磨砺中，精英荟萃。在宝山这片土地上，涌现出这样的一群人：他们克服重重困难，突破陈规，超越前人；他们创造斐然成绩，造福人民；他们始终走在时代的前沿。他们具有开拓性，能够灵活地、创造性地运用已知的一切知识与信息，提出某些具有独到见解，积极创造富有社会价值的精神财富或物质财富。

从晚清状元到爱国商人的张謇；个性要强，喜爱沪剧的丁婉娥；用开放的思想去接受时代变化的张幼仪；放弃在美任教机会，毅然回国发展的曹孚；钻研医学的汤源孙等等。他们都具有强烈的社会责任心，用实际行动为推动社会进步贡献自己的力量。

兴办实业的张謇

人物介绍

张謇(jiǎn)（1853—1926），字季直，号啬庵，祖籍江苏常熟，生于江苏省海门市长乐镇（今海门市常乐镇）。清末状元。中国近代实业家、政治家、教育家，主张“实业救国”。

张謇

1894 年张謇得中一甲第一名状元，授以六品的翰林院修撰官职。1896 年，张謇在南通创办了大生纱厂。1902 年，张謇与罗叔韫、汤寿潜等同人筹划在通州自立师范，同年 7 月 9 日通州师范择定南通城东南千佛寺为校址开工建设，翌年正式开学。

1904 年，张謇创办了南通大达轮步，先开辟了外江航线，以后又组成了大达轮船公司，在苏北内河开辟航线。1904 年，清政府授予张謇三品官衔。1909 年张謇被推为江苏咨议局议长，1911 年任中央教育会长，江苏议会临时议会长，江苏两淮盐总理。1912 年南京政府成立后，任实业总长。1912 年任北洋政府农商总长兼全国水利总长，1914 年兼任全国水利局总裁。1921 年初，张謇受命出任上海吴淞商埠督办。

1926 年 8 月 24 日，张謇在南通病逝。张謇创办了中国第一所纺织专业学校，开了中国纺织高等教育之先河；首次建立了棉纺织原料供应基地，进行棉花改良和推广种植工作；以家乡为基地，努力进行发展近代纺织工业的实践，为中国民族纺织业的发展壮大作出了重要贡献。他一生创办了 20 多个企业，370 多所学校，为中国近代民族工业的兴起，教育事业的发展作出了宝贵贡献，被称为“状元实业家”。

轶事点击

主持建设吴淞商埠

位于黄浦江入长江口要冲的吴淞，是中外船只进出上海的必经之地。20 世纪 60 年代后，进出上海港的商船日益增多，而面对吴淞口外的淤沙，大吨位船只常常受到滞阻，往往要等候涨潮才能进港。

张謇根据全球海运业和港口发展态势，认为吴淞商埠的辟建势在必行，指出当时海上船舶吨位增加，不能入黄浦江，必须在吴淞筑建港口，这样才有利于国际运输。继而又陈述了商埠筹建的具体步骤，并着重谈了港口建设构想：“淞口自谈家浜起，迤西经剪松桥至杨树浦一带，计长二千一百英丈，均为深水，足供码头船坞之用。剪松桥之东，为海轮码头，其西为江轮码头……并拟于此设保守仓库（指保税仓库），为转口货免税存储之处，使商货无未销先税之累，轮舶得随到随卸之便。”

面对如此大规模的建设，经费来源是一个大难题，张謇直言开埠需要的费用比较大，仅仅靠行政机关是无力办到的。他认为除了行政费及无关营业的公共建设费，不得不由政府筹款，其他惟有劝商投资，再由政府规划，这才有成功的希望。

尽管张謇精心谋划，当时的社会环境使他的设想很快落空。1924 年直系军阀齐燮元与皖系军阀卢永祥之间的江浙战争，中断了吴淞商埠筹建的进程，项目最终因“经费告竭”，被迫停办。

早年吴淞商埠

张謇壮志未酬，但他筹建吴淞商埠的设想和举措，有其独特的历史地位。立足南通，依托上海，谋求企业发展的广阔空间，可以说是张謇实业活动的基本方略，其中蕴含的深意，颇富启示。

故事启迪

“一个人办一县事，要有一省的眼光；办一省事，要有一国之眼光；办一国事，要有世界的眼光。”张謇的理念决定了他事业的规模。他独立开辟了无数新路，做了三十年的开路先锋，养活了几百万人，造福于一方，而其影响遍及全国，他事业的一部分至今惠及大众。他在宝山的这段时间，为宝山的实业兴国做出了诸多贡献。

书言心语

张謇乃科甲出身，状元及第，书法自有根底，楷、隶、行、草兼擅长。其书法沉稳深秀，传世以行楷为多。

张謇的字，具褚遂良、欧阳询、欧阳通等余韵。他曾习临褚遂良的楷书《雁塔圣教序》《伊阙佛龛碑》，行书《枯树赋》，欧阳询楷书《九成宫醴泉铭》。张謇的字，更得力于晋楷、汉隶。他曾习临传为王羲之所书的小楷法帖《曹娥碑》、王献之所书的小楷法帖《洛神赋十三行》。张謇行草，多学文征明、包世臣，曾悉心临写文征明行草书两年有余，得其“遒逸婉秀”韵味，其挺秀的字又蕴含着一种雄强、洞达与平实浑然统一的美。

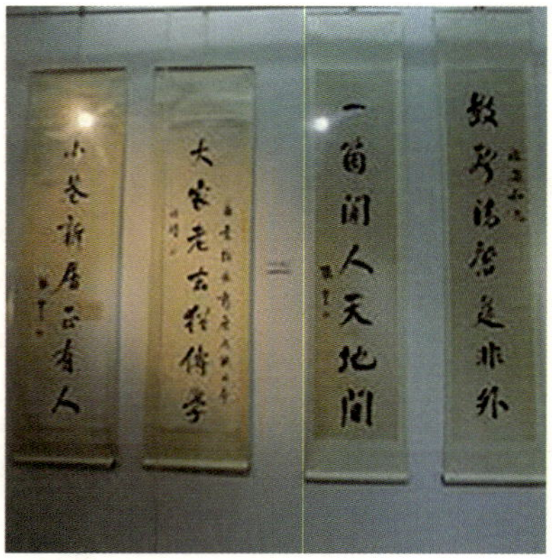

张謇书法作品

凤凰涅槃的张幼仪

人物介绍

张幼仪（1900—1989），名嘉玢，1900 年出生于江苏宝山。1912 年 7 月，江苏都督程德全在苏州创立“江苏省立第二女子师范学校”，12 岁的张幼仪在二哥张君劢（嘉森）和四哥张嘉璈的帮助下到该校读书。该校首任校长杨达权，重视女子教育，张幼仪在此受到了先进教育。

张幼仪

1920 年，张幼仪前往欧洲，接受西方教育。1926 年返回中国，先是在东吴大学教授德文，后来又担任上海女子商业储蓄银行副总裁、云裳服装公司总经理。1949 年移居香港，20 世纪 70 年代搬往美国与家人团聚，1989 年逝世于纽约。

张幼仪出任银行副总裁期间，恪守诚信、管理有术，女子银行扭亏为盈，在上海银行界崭露头角，名噪一时。张幼仪也逐渐如鱼得水，成为中国女性主持银行的第一人，并连续多年当选为银行董事，被誉为金融界传奇女强人。

轶事点击

华丽蜕变：出任银行副总裁

五四运动带来妇女解放思潮，女性争相创办女子企业。1924 年，全国第二家女子银行在沪诞生，老板、员工多为女性。但后来由于经营不善，面临倒闭。当时张幼仪已从德国归来，辗转定居上海，在东吴大学任教。于是经营者找到张幼仪，聘请她担任上海女子银行副总裁。

张幼仪

最初，张幼仪是金融方面的门外汉，虽毫无经验，但她以学徒的心态从零做起，同时将办公桌摆在银行大厅的最后，对银行的全景一览无余。

当时的银行职员后来这样回忆道："那年她 40 岁左右，腰背笔挺，略显高大，神情端庄大方，有大家风范。她就在我们营业厅办公，准时上下班，除接电话外，很少说话，总是专心看文件。我经常要将报表和装订好的传票本请她盖章，有时听到她用德语打电话。"

《人间四月天》内角色剧照

在张幼仪的经营下，女子银行颇受妇女欢迎。张幼仪回忆，"许多在附近商店做事的年轻妇女，喜欢拿了薪水支票立刻上我们银行兑现。再在户头里留点钱当存款"，而"大多年纪大的妇女都用我们的银行存放珠宝"。

为世人所赞叹的是张幼仪帮助女子银行度过资金链危机。1937 年日军占领上海时造成银行现金大量短缺，女子银行虽得到另外一家银行结款 4 000 元做紧急周转，却又遇到大客户提款 4 000 元，再度面临资金链断裂甚至倒闭的危机。张幼仪急中生智，以个人名义担保向客户约定以六月为期限，连本带利偿还。半年后，张幼仪准时按约还款并使得银行度过危机。

与此同时，张幼仪还大做股票交易，盈利极丰。1934 年，她的兄长张君劢参与领导的国家社会党聘请她去管理财务。从此张幼仪既是银行家又是企业家，又参与到政治当中。

故事启迪

置身民国时代背景之下，张幼仪受过新式教育，留过洋。作为新青年，她骨子里有传统的根，她也用开放的思想去接受时代的变化，她的一生经历重创与蜕变，是意料之外，也是情理之中。她是民国时期值得尊敬的女人，是女性自我奋斗的励志楷模。她沉默地、坚强地过她的岁月，她尽了她的责任……凡是尽了责任的人，都值得尊重。

书言心语

《张幼仪：爱到绝境，灵魂才会逆袭》

她是民国时期值得尊敬的女人，是女性自我奋斗的励志楷模。连梁实秋都敬佩她：她沉默地、坚强地过她的岁月，她尽了她的责任……凡是尽了责任的人，都值得尊重。读完她的一生，你会感受到一块璞玉经过岁月打磨后呈现出的耀眼光芒，也会体会到“自立不败”的深刻哲理。

节选内容：

有一种女人是这样的，她不算漂亮，没有倾国倾城的美貌，没有卓越的起跑线，出场的时候不张扬也不华丽，但是她性情坚韧、踏实肯干、理性大度，像是经过岁月洗礼的沉香，时间越久，越有味道。民国，一个处于想象与怀恋的自由主义时期，许多美好的事物皆从民国这个迷人的时代开启，那个时代的女性成为思想解放与时尚流行的一个标本。这个时代，太多美丽的女人历历在目：林徽因、张爱玲、陆小曼、丁玲、唐瑛、冰心、杨绛、王映霞、赵一荻、于凤至、萧红……如今美人容颜已逝，但是人们并没有真正忘记她们。其中，有这样一位女人，在历史的一角，总是被人遗忘，被历史尘封。其实她是那样地坚强、勇敢、宽容、自尊、自立、自强，并创造了美好的事业。她，不是别人，正是中国浪漫诗人徐志摩的原配夫人张幼仪。或许，她曾经输得一败涂地，因为她生活在一个那样不公平的时代。但是，她像一只传说中的不死鸟，从来没有放弃过求生的渴望。她像一位不屈的战士，从来没有向不公的命运低下过自己高贵的头颅，她在苦难中韬光养晦，厚积薄发，用点滴的汗水改写了自己的命运。是的，这本传记就是要娓娓道来一个在命运的旋涡中自强不息，并最终赢回人生的平凡女人传奇的一生。

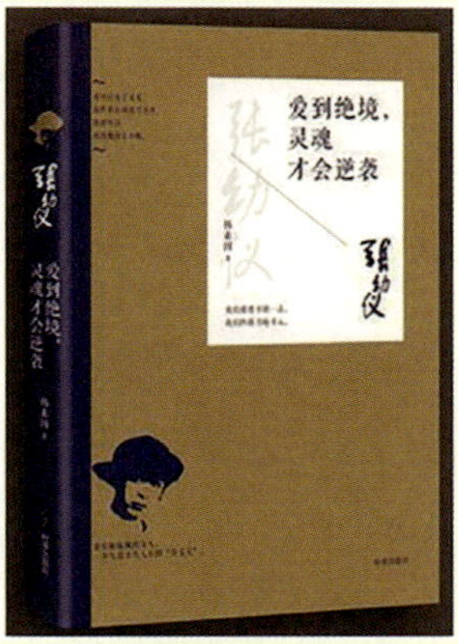

——选自《爱到绝境，灵魂才会逆袭 张幼仪》

聪明勤奋的丁婉娥

人物介绍

丁婉娥

丁婉娥（1905—1986），宝山罗店人，原名金小妹。9 岁进宝成纱厂当童工，常与厂里几个爱听戏的小姐妹一起去新世界、先施公司听滩簧（沪剧早期的名称）。先施游乐场演唱滩簧的是丁少兰的班子，婉娥喜欢她的唱腔和演技，听戏的日子久了，熟悉了戏班子里的人，后来婉娥离开了工厂，1919 年拜施兰亭为师学戏。

丁婉娥聪明勤奋，学艺长进很快，1921 年即登台演出，首场演《荡湖船》里的船女，获得成功。1924 年，以丁少兰、丁婉娥领衔组成“婉兰社”，在城隍庙旁边的小世界游乐场演出。

1932 年，丁婉娥独自办了“婉社”，在小世界福安公司演出。1936 年创办了“婉社儿童申曲班”，这是沪剧界首创的儿童班，少年男女在班里边学边演，以演为主。婉社儿童班在永安公司、大世界“共和厅”演唱，小戏《摘石榴》《卖红菱》《拔兰花》等很受群众欢迎。1937 年，“八·一三”淞沪抗日战争暴发，“儿童班”即告解散。

建国后，丁婉娥加入了上海市人民沪剧团，为中国戏剧家协会上海分会会员。她积极参加剧团演出，在《白毛女》《大雷雨》《罗汉钱》等戏中，塑造了几个老旦形象，她演老年妇女，稳重大气、感情真挚。1956 年受聘于上海戏曲学校，担任沪剧班唱腔老师，致力于培养新一代沪剧演员。1986 年 4 月 3 日，丁婉娥病逝。

作为一名沪剧演员，她的唱腔细腻委婉，韵味醇厚，别具一格。她领衔组成的“婉兰社”首创“化妆申曲”和“时装新戏”，为申曲艺术改革开了新风，曾轰动上海滩。她致力于新人培养，她创办的“儿童班”造就了一批自成一派的艺术人才，其中有沪剧著名演员丁是娥、杨飞飞、汪秀英、筱爱琴等。即使退休后，丁婉娥仍时时关注沪剧新戏的创作、新人的发掘和成长。

轶事点击

“婉社”沪剧表演艺术家的摇篮

丁婉娥是本滩名家施兰亭的女弟子，个性十分要强。早年她和施兰亭的另一个学生、著名艺人丁少兰结婚后联手组建的婉兰社，在观众中有一定的影响。后来两人因故离婚，丁少兰退出，丁婉娥便把戏班改建为婉社，独立支撑，办得有声有色。当时申曲舞台上演的都是成人剧目，几乎没有童生戏。当时她自己已收了好几个学生，也教了唱开篇、敲阳当和几出小戏。可是这些孩子却很少有机会上台演出，艺术上也难以进一步提高。

婉社儿童申曲在大世界演出

1936 年丁婉娥萌生办一个儿童申曲班，让学生们多演戏早成才的想法。她把这一打算和熟悉的几位申曲班社的班主和主要演员商议，大家都拍手叫好，十分支持，纷纷把跟自己学戏的孩子送来，一些家长闻讯也带着子女来要求加入。没几天就聚集了二三十个，最大的 14 岁，最小的只有 8 岁。“婉社儿童申曲班”就这样于 1936 年秋开张了。可以说这是沪剧发展史上的第一个较正规的科班、学馆。丁婉娥办事向来认真，除了亲自执教外，还特地请来功底扎实的胡锡昌、鲍福奎和严福田等老艺人专门教戏，教学生唱腔、表演，也教身段、练功夫。她要求孩子们不仅学唱学表演，还要每人学一样乐器，先从唱开篇、学小戏开始，再演大同场戏，要求是严格的。她经常给学员讲唱戏要有戏德，做人要有人格的道理。

小孩演大人戏，像模像样地演多种角色，很博观众的眼球。他们走码头、唱堂会，所到之处均受欢迎。后来又在大世界演出了很长时期，场场爆满。这些艺术实践为孩子们以后的演出打下了扎实的基础。

“小囡班”出了名，丁婉娥并没有因此放松对孩子们的教学。一天两场演出之余，上午雷打不动地由老师教戏。除了传统的对子戏、大小同场戏外，丁婉娥还教申曲舞台上新出的象《双珠凤》《珍珠塔》《百花台》和《赵五娘》等一些弹词戏中的折子。上午学会的戏，“小囡班”下午和晚上就在大世界的台上试演，接受观众检验。当时有一个孩子演的《赵五娘》中的折子戏“剪发卖发”在场子里引起了轰动。

骄傲的是“小囡班”出了许多高手。她们就是后来的沪剧表演艺术家丁是娥、杨飞飞、汪秀英、筱爱琴等。

故事启迪

丁婉娥作为沪剧前辈，时刻关心新一代的成长，倾其所能培养新人，她所创办的“婉社儿童申曲班”就是沪剧表演艺术家的“摇篮”，为沪剧的发展奠定了良好的基础。她像很多精英一样，立足于自己的专长，克服重重困难在前人的基础上进行不断地变革与创新，并致力于培养新人，在自己所擅长的领域起着积极的推动作用。

书言心语

丁婉娥的代表剧目有：《罗汉钱》《金黛莱》《鸡毛飞上天》《蝴蝶夫人》《雷雨》《寄生草》《芦荡火种》等。

《罗汉钱·回忆》歌词

为了迪个罗汉钱，甜酸苦辣都尝遍。二十年来辛酸事，不敢回想埋心底。想当初还在娘家里，我与那保安有情义，偏偏是自己的婚姻难做主，一定要父母之命媒妁言。爹娘将我另婚配，嫁与木匠成夫妻。保安哥与我藕断丝不断，一来二往情丝牵。我赠他戒指表心意，他赠我一个罗汉钱。风吹草动消息传，丈夫打骂无情面。可怜我，受尽委屈难分说，眼泪倒流肚中咽。二十年日月不易过，这痛苦，永生永世难忘记。

戏曲艺术片
《罗汉钱》

融会中西的曹孚

人物介绍

曹孚（1911—1968），字允怀，出生于江苏省宝山县（今上海市宝山区）罗店镇普通农家。少时家境贫寒，靠在一所女校担任校长的姑母资助读完宝山县立第二高小和镇上教会所办罗店中西公学。1926 年，其因成绩优异被免费保送麦伦中学高中部。1929 年 7 月，曹孚高中

《曹孚教育论稿》一书中曹孚照片

毕业后，留校任教，教授初中国文、英文，并开始著述与翻译。

1933 年，经沈体兰校长（解放初任华东教育部副部长）提议，麦伦中学为曹孚提供助学金入复旦大学教育学系深造。1937 年，他以全校英文成绩最优、文学院毕业成绩最优、全校毕业生总分第一这三项第一名，获“异等茂才”金质奖章，并留校任教。

在复旦任教将近十年间，曹孚讲授过英文、中文、教育概论和教育心理学等课程，发表了《中国教育之前途》等论文，出版《生活艺术》《丰富的人生》和《法国失败史》（署曹元恺笔名）等著作。1947 年 3 月，曹孚由时任复旦大学校长的章益教授推荐，赴美国科罗拉多大学教育研究院深造，其在两年半的时间内，先后获得教育硕士、博士学位，并以讲师身份在该院讲授两门课程。

1949 年 9 月，曹孚放弃在美任教的机会，拒绝美国政府对中国留学生的诸种利诱，毅然登上返回祖国的航船。10 月归国后，以张志让、陈望道为首的复旦大学校务委员会聘任曹孚为教育学系教授，1951 年起兼任副教务长。同时还先后兼任光华大学、沪江大学教授。1951 年下半年，华东师范大学建校、开学。原复旦大学教育系调整并入华东师大，曹孚被任命为首任教育系主任。1961 年在高校文科教材会议后受委托，曹孚主编《外国教育史》教材。1962 年出版了由他在汇集苏联几种教材基础上主编的《外国教育史》，以应高师教学之急需。曹孚于 1968 年初患肝癌逝世。

复旦大学新闻馆前的留影
第二排自右至左第一位：曹孚

曹孚对外国教育史学科建设提出的理论框架和学科构想，以及在《教育学研究中的若干问题》一文中确立的研究教育史的若干重大原则，包括他对外国教育史上教育家、教育思潮、教育流派的研究，反映了“钩玄提要的学术功底”，具有开拓性的价值，并因此奠定了他中国当代的外国教育史学科奠基人的地位。

轶事点击

曹孚治学

曹孚治学，勤奋严谨而又富有探索精神。他强调“教学如果不进行改革，培养目标、教材、教法不改革，就不会产生新的教育理论，教育科学就不会有新的发展”。“何不策高足，先踞要路津。”注重在哲学高度俯瞰全局，是曹孚治学的一个显著特点。他不但谙究历史唯物论，用以指导教学、科研；而且深入研究西方哲学、先秦诸子和宋明理学，讲课、为文视野开阔，逻辑严密，剖析问题洞察入里，于委婉中呈现棱角。即使是探讨教育问题的通俗文章，也能兼顾个人、社会本位，从生理学、心理学、伦理学、教育学、社会学、文化学等不同视角，全方位、多层面反复陈说，富有理论魅力。

曹孚本人除在高校担任过副教务长、系主任，讲授教育学、教育史、教育心理学外，还跨学科开设过中文、英文、哲学、政治经济学、逻辑学、新闻写作等课程，拥有丰富的教育实践、教学经验。他讲课、作报告不用讲稿，“总是慢条斯理、娓娓动听、入木三分，深得学生欢迎”，在全国高教普查中，曾被评为先进教学典型。他“待人宽厚、平易近人、淡泊明志，前辈爱其饱学而谦逊，同齿乐于共事以切磋，后生仰之学不倦、教不厌”。

曹孚治学另一引人注目的特点是“融会中西，贯通古今”，一方面充分吸收历史遗产，使他具备厚重的学术积蕴，一方面与世界潮流接轨，使他始终处于教育科学研究的学术前沿。

曹孚的文章旁征博引、汪洋恣肆、纵横捭阖，具有很强的说服力。他在 20 世纪 40 年代所写的《生活艺术》中《游戏》一文，于 20 世纪 80 年代曾被香港选作高中语文教材篇目。

故事启迪

曹孚具有宽广的视野、渊博的学识，他能高瞻远瞩，对不少有关教育的问题，提出了一些独到的见解，在学术上有相当成就。他结合了中西方文化，将国外的一些思想与中国的实际情况相结合，主张在教育的目的上采取民族、社会、大众本位。曹孚密切关注国内与国际的政治形势发展，积极思考中国的前途与命运问题。他的一些新颖而周全的见解，既传承传统文化又融合西方文化，这种推陈出新的做法深受欢迎。

书言心语

2011 年，值纪念曹孚百年诞辰之际，岳麓书社将教育学家曹孚关于青年修养的两部著作——《生活艺术》与《丰富的人生》重新整理出版，列为“民国学术文化名著”之一，并冠以《丰富的人生》作总书名。

《生活艺术》一书系曹孚抗日战争后期在重庆复旦大学任教时撰作，1943 年由光亭出版社出版，1945 年由开明书店再版。1945 年后曹孚在叶圣陶主编的《中学生》杂志上发表的一系列文章，作为《生活艺术》的姊妹篇结集成《丰富的人生》，由开明书店于 1946 年年底出版。两部著作相继出版后，深受读者欢迎，多次再版，被当时教育期刊列入教师阅读书目。书中的一些篇目，1980 年以来先后被香港出版的《中国语文》（第 9 册）、《读本问题举隅》（中学会考适用）、《中国语文精读》（下册）等中学高年级的语文教材选用。1985 年这两本著作又由台湾开明书店重新出版。

曹孚著作

学海畅游

1. 以小组为单位，利用课余时间查找资料，看看还有哪些人物通过自己的一些创新举措在各自的领域为宝山的建设作出自己积极的贡献。

2. 开展一次以“创新——发展”为主题的活动，讨论交流宝山的发展有哪些可以改进的地方，并提出自己的金点子，为宝山的发展出谋划策。

3. 改革开放以来，在中国共产党领导下，中国人民凭着一股逢山开路、遇水架桥的闯劲，凭着一股滴水穿石的韧劲，成功走出一条中国特色社会主义道路。我们遇到过困难，我们遇到过挑战，但我们不懈奋斗、与时俱进，用勤劳、勇敢、智慧书写着当代中国发展进步的故事。请和长辈交流，了解改革开放进程中的故事。

第八章
不忘初心　薪火传承

爱岗敬业的周金楠
为国分忧的金训华
戏剧能量华雯
奥运冠军许昕

第八章
不忘初心 薪火传承

江海明珠宝山，有着深厚的人文积淀，在这片土地上，宝山之所以人才辈出，是因为我们宝山人不忘初心，薪火传承：传承历史文化，弘扬时代精神。

当代宝山人，用他们的热情、汗水、青春传承历史文化，弘扬时代精神，向我们展现了当代宝山人的精神风貌：爱岗敬业、争创一流、勇于创新的劳模周金楠；为国分忧、无私奉献的知青金训华；传承中华优秀传统文化，展现中华民族最可贵的品质和价值的华雯；顽强拼搏、团结奋进、永不言弃的奥运健儿许昕等。我们青少年一代要继承历史文化，弘扬时代精神，争做新时代好少年！

爱岗敬业的周金楠

人物介绍

周金楠（1924— ），出生于江苏省宝山县（今上海市宝山区），中共党员，农艺师。

市农委纪检组长李梅君同志率监察室、经贸处慰问劳模周金楠

1952 年 4 月，周金楠组织创办了江湾陈家村第一个菜田互助组。1955 年，担任陈家村初级农业生产合作社主任的他因地制宜地安排适宜的蔬菜品种，推行蔬菜连种，并加强经营管理，合理分配劳动报酬，使该社平均每个劳力分得 500 多元，当时闻名市郊。1956 年，他担任镇南先锋农业生产高级合作社主任，狠抓蔬菜生产，建起了社办企业，发展畜牧业，使该社年收入达 53.19 万元，被评为市农业增产模范社。1957 年 1 月，他作为上海市代表出席了全国农业增产模范大会。他于 1978 年被评为上海市劳动模范，并曾担任宝山县江湾公社党委副书记、革委会副主任。

周金楠是那个年代的时代符号和力量的化身。在他身上体现出爱岗敬业、争创一流、艰苦奋斗、勇于创新、淡泊名利、甘于奉献的精神，以及对职业、对社会、对国家的道德感、责任感和使命感。

轶事点击

农业生产模范

周金楠数十年奋战在农村第一线，为宝山县的蔬菜生产、经济发展做出了突出贡献。在蔬菜科研方面，他坚持进行冬瓜和梅菜套种高产试验，获得成功。

1971 年，镇南村周金楠与殷家宅生产队从杭州览桥公社引进日本蕃茄品种，该品种果型大，结果好，但硬斑病严重。引进后与“浦江一号”蕃茄混种杂交，挑选优良植株留种。经过周金楠的 5 年努力，培育出适应性强、稳定性好、丰产性好、果型大、圆整光滑不裂果的江湾大红蕃茄，该品种番茄果肉厚实，汁多味甜，色泽鲜亮，深受上海市民欢迎。

江湾大红番茄

周金楠还摸索出一套在灾害天气下保产增产的生产方法，使公社的蔬菜生产连续多年高产稳产。

周金楠是 20 世纪 50 年代劳模的典范，他是一位普普通通的农民。农民和工人一样都是社会的基石，是劳动者中大比例的组成部分，他们身上有着最单纯本质的劳模精神——踏实肯干，这是一种值得我们代代相传的艰苦奋斗、勇于创新、甘于奉献的精神。

故事启迪

20 世纪 50 年代，新中国社会的飞速发展，离不开一大批普通劳动者。在他们平凡的工作岗位上以不平凡的主人翁责任感和艰苦创业精神，以高尚的、忘我的劳动热情和无私奉献精神赢得了社会的尊重，成为激励全国人民的楷模。

书言心语

周金楠曾经获得了1952、1954年度上海市农业劳动模范，1955年度上海市劳动模范、全国先进生产者，1957年全国农业劳动模范，1977年度上海市先进生产者，1978年度上海市劳动模范。

周金楠获得各类荣誉证

1951、1952、1955、1957、1978年被评为市级丰产模范、劳动模范。

为国分忧的金训华

人物介绍

金训华（1949—1969），中共党员，上海人。上海市吴淞第二中学1968届高中毕业生，上海市中学红代会常委。

1969年3月，金训华参加上海市革委会上山下乡办公室组织的知识青年学习访问队赴黑龙江，返回上海后发起成立了“知识青年赴黑龙江插队落户联络站”，通过报告会、批判会、座谈会、家庭访问，广泛进行知识青年上山下乡的动员。1969年5月他和一大批上海知识青年到黑龙江省农村插队落户，被分配到逊克县逊河公社双河大队。8月15日下午，暴发特大山洪，金训华为抢救国家物资牺牲于激流中，被追认为中国共产党党员。

金训华

金训华是上山下乡大潮中涌现的第一个知青英雄。他的事迹深深地感染着一大批青年，激励着许许多多有志为革命事业献身的知青。

轶事点击

“国家的事，再小也是大事”

1969年5月，金训华和妹妹金士英、战友陈健等38人一起到黑龙江逊克县双河大队插队落户。那时的金训华性格较内向，不过乐意帮人做事干活。刚下乡时，陈健被安排在知青食堂做饭，食堂挑水这活最累人。金训华无论从大田回来，还是从县里开会回来，顾不上休息就直奔食堂帮陈健挑水直至缸满。

8 月 15 日，恰好是从上海到黑龙江的第 77 天。这天山洪直泻，江河横溢。下午 4 时，金训华和战友们已连续修坝 3 天，金训华那几天正感冒腹泻。生产队长老姜忽然跑来对民兵连长老贾说："堆在河沿上的 150 根电柱被水泡上了，有被洪水冲走的危险。""任务交给我们吧！"金训华二话未说和另一位知青立即赶到河边。此时电柱已被冲进河里，他一边脱衣服一边喊："陈健，快跟我下去捞！"陈健随着他也跳入洪水中，刹那间，两人都被洪水卷入漩涡。就在营救的小船靠近时，又一个大浪扑来，金训华猛推了陈健一把，陈健终于得救了，可金训华却被卷进入漩涡没影了。18 天后，放牛娃才在百公里外发现他的遗体，时年仅 20 岁。

以知青为主题的邮票

知青是一代人用热血、青春和一生的付出所创造的时代形象。既反映了知青的历史精神，也反映了知青的时代精神。这是知青在不同社会文化背景和意识形态影响下而形成的精神成果和文化观念。

故事启迪

知青们响应毛主席的伟大号召，在"四个面向"的上山下乡运动潮流中，奔向农村，走向边疆、踏进草原，以他们弱小的身躯，奉献自己的热情、鲜血、泪水、青春、健康乃至生命，这就是知青为国分忧的时代精神。弘扬知青精神就是弘扬他们"为国分忧的民族精神、艰苦奋斗的创业精神、无私奋献的主人翁精神、执着进取的时代精神"。

书言心语

金训华知青日记选

1969 年 5 月，金训华带领他的妹妹金士英和一大批上海知识青年风尘赴赴前往黑龙江省逊克县逊河公社双河大队插队落户，77 天后，因为救国家财产而牺牲，短短的几十天里，他就写下了几十篇的日记。

七月二日

今天的劳动是捆谷草，我的手真不顶用，没捆几捆，就搞出了血。想歇一下，但是我想起了毛主席的教导：“知识青年到农村去，接受贫下中农的再教育，很有必要。”我的手会出血，而贫下中农的手为什么就不出血呢？这说明我的手、我的思想长期脱离工农，脱离劳动，染上修正主义毒素，必须长期在工农群众中进行磨练。旁边的贫下中农看到了，就耐心地，手把手地来教我。我遵照毛主席的指示，老老实实地拜贫下中农为师，不一会就学会了，越干越觉得有劲。这就说明，我们知识青年必须在三大革命运动中接受贫下中农再教育，改造我们小资产阶级知识分子的动摇性和摇摆性，将革命进行到底。

七月十八日

学习了《人民日报》评论员的文章和一不怕苦、二不怕死的共产主义战士杨水才同志的英雄事迹，心里万分激动。共产党员杨水才一心为公、一心为革命的高贵品质深深激励着我，鼓励着我不断前进。杨水才同志不愧为共产主义战士，是我学习的极好榜样。向杨水才同志学习关心人民比关心自己为重，向杨水才同志学习对阶级敌人毫不留情，向杨水才同志学习敢教日月换新天，最最重要的是要向杨水才同志学习无限忠于毛主席，真正做到“生为毛主席而战斗，死为毛主席而献身”。我向杨水才同志学习，在农村这个广阔的天地里，认真接受贫下中农再教育，一不怕苦、二不怕死，立志农村，献身农村。这是我的决心，请同志们在日常斗争中监督我。

戏剧能量华雯

人物介绍

华雯

华雯（1963— ），上海宝山沪剧团的团长，国家一级演员。

华雯从小就是戏痴，她把沪剧当成生命的依靠，灵魂的眷恋。她带领有着60多年历史的宝山沪剧团从低迷走向辉煌，为人们送去了一台又一台丰美的艺术盛宴，并在戏曲艺术创作领域中取得了卓越业绩；她对事业的执着追求丰富了基层群众的文化生活，为上海文艺事业发展做出了杰出贡献。

1986年她以一出《东方女性》获得梅花奖，2015年凭借沪剧《挑山女人》再次夺得第27届中国戏剧梅花奖，这是沪剧界继茅善玉后第二位“二度梅”，华雯是沪剧界有名的“长脚花旦”“出新花旦”和“拼命花旦”，先后获得上海文艺家荣誉奖、上海市五一劳动奖章、“第四届上海市十大感动人物”等荣誉称号。

轶事点击

拼命花旦

华雯饰演的戏剧形象

华雯的父母都是沪剧演员。她从小就是戏痴，一直泡在父母所在的松江剧团里。那时候，只要有沪剧演出，她一场不漏；只要有沪剧广播，她有空必听。小华雯一直渴望自己有朝一日也能粉墨登台。1986年年底，宝山沪剧团携新戏《东方女性》进京，22岁的华雯在戏里扮演插足别人家庭造成悲剧的方我素。这个人物年龄跨度很大，思想变化复杂，表演难度较大。华雯仔细琢磨角色，反复锤炼唱腔，活灵活现地表现了方我素从“我行我素堕情网”到受责难、排困扰、重新生活的过程，深沉而有节制地展示了人物复杂痛苦的内心世界。华雯毫无争议地获得了第四届中国戏剧梅花奖。

从单纯的小女孩到成熟的职业演员，华雯对申曲艺术痴迷不改。她珍爱每一场排练、每一台演出、每一刻幸福，甚至珍爱每一次的委屈和痛苦。她是沪剧界公认的“拼命三郎”。《东方女性》中有个双人舞片断，排练时由于舞伴没托住，她一下摔在水泥地上，断了两根肋骨。但晚上《家庭公案》演出又不能误场，就这样，她竟坚持了十多天！演《缉毒女警官》时，倒下的布景压伤了她的腰部和脚踝软组织。排《风雨行宫》时，她连做 5 个“乌龙绞柱”，导致肌肉撕裂。但未等痊愈她又上“战场”了。

沪剧《挑山女人》登陆国家大剧院的舞台

华雯当团长，只有一个念头：多排戏，多演戏。长年累月，这个只有 20 来人的区级小剧团几乎每天搭台拆台，换地方演出，他们的足迹踏遍了上海和周边地区。冒着夏日蒸腾的暑气和寒冬刺骨的北风，他们从打谷场、露天工地一直演到学校操场、社区文化中心，每年演出都在百场以上。让家乡人看上喜爱的家乡戏，是全团人共同的心愿。

故事启迪

戏剧的意义在于唤醒观者，唤醒人们对人生甜酸苦辣的一种回忆、一种震撼、一种共鸣。用心去呈现每一句唱段、每一个细节，用心在每一部戏中传递真善美的“正能量”，传承中华民族最珍贵的品质和价值，正是舞台赋予华雯的最大意义。

书言心语

由华雯主演的《挑山女人》弘扬主旋律、讴歌真善美，是一出直面人生、直达心灵的好戏。自 2012 年 10 月首演，截至 2018 年，已演出 170 余场，观众达 15 万多人次。荣获了中宣部第十三届“五个一工程”优秀作品奖、第十四届文华奖“优秀剧目奖”、第十三届中国戏剧节“优秀剧目奖”等共计 15 个奖项，推动了上海戏曲现代戏的创作，取得了良好的社会效益。

《挑山女人》剧照

《挑山的女人》剧情简介

19 世纪 80 年代末，一个年轻漂亮的女人生下了一个双目失明的残疾儿，不久又有了一对龙凤胎，谁知，两年后丈夫离世，婆婆怨恨女人克夫，便与他们母子四人断绝了来往。为了抚育三个孩子，她毅然选择了连男人都望而却步的工作——挑山。于是，无论风雨、不计寒暑，女人每天挑着一二百斤的货物，数次往返于齐云山那 3 700 级石阶上，至今已有整整 ,17 年……

奥运冠军许昕

人物介绍

许昕（1990—　），出生于江苏徐州，2002 年 2 月落户上海宝山，进入曹燕华乒乓学校学习。2003 年，许昕进入上海市乒乓球队。

许昕

2004 年，许昕在世界少年挑战赛上同时获得男团、男单、男双冠军。2009 年，全运会上与王励勤获得男双冠军。2010 年，广州亚运会获得混双、男团冠军及男双亚军。2011 年，获得鹿特丹世乒赛男双冠军。2012 年，许昕在国际乒联职业巡回赛总决赛中夺得男单冠军，并在次年总决赛男单决赛中，以 4 ∶ 3 战胜马龙，成为继马龙之后第二位卫冕总决赛男单冠军的选手。2013 年，乒乓球世界杯上获得男单冠军，成为中国首位获得男单世界冠军的左手运动员。2014 年，仁川亚运会上获得男单、男团冠军及男双亚军。2015 年，在苏州世乒赛中获得混双、男双冠军 ，10 月的全锦赛上，同时拿到男团、男单和男双三项冠军。2016 年，获得里约奥运会乒乓球男团冠军。

1990 年出生的许昕，可谓是年少成名，在 2004 年世界少年挑战赛上，年仅 14 岁的他就斩获得了男团、男单和男双的三项冠军。2007 年入选国家一队，左手直板两面反胶的打法，让他在当今乒坛独树一帜。从 2009 年起，他先后 13 次在世乒赛、乒乓球世界杯上斩获冠军。

轶事点击

为荣誉而战

从伦敦奥运会的替补未能登场，到里约奥运会入选团体阵容，卧“昕”尝胆四年，许昕终于可以在奥运决赛场上开打了。

里约奥运会现场

里约奥运会乒乓球男团决赛，中国队 VS 日本队。许昕轮到的是第二场单打，面对的是日本男乒一哥号称天才选手的水谷隼，比赛一上来，水谷隼就连胜两局，许昕顶住压力将比分扳成 2 ∶ 2 平。但在决胜局中，许昕还是以 10 ∶ 12 告负。中国队和日本队，双方大比分 1 ∶ 1 战平。关键的第三场男双比赛到来了，许昕面对上一场比赛失利的不利局面，和他的双打队友张继科来到了比赛场。这次他们的对手是吉村真晴 / 丹羽孝希，是男双世界排名前 10 的选手，进攻较为凶狠。这对日本组合一上来就给许昕 / 张继科制造了不小的麻烦，频频攻击两位中国选手之间的空隙，以 11 ∶ 4 先赢一局。此时，许昕顶住巨大心理压力，调整好心态，经过和队友的努力，以 11 ∶ 6 扳回一局，不过他们又在第三局中陷入被动，好在 7 ∶ 9 落后的情况下连下 4 分最终以 11 ∶ 9 逆转拿下关键一局。第四局中国组合完全掌握了场上节奏，11 ∶ 5，许昕 / 张继科以 3 ∶ 1 将双打胜利收入囊中。

2016里约奥运夺冠

中国队苦战 4 盘后，以 3 ∶ 1 击败日本队，实现了奥运男团三连冠。中国队继北京和伦敦之后，再度包揽奥运会乒乓球项目的所有金牌，捍卫了国球荣誉。

国乒名教吴敬平是这样评价许昕的：“许昕是条汉子，这些高强度训练的苦啊累啊，他全都扛住了，

2016里约男团冠军 马龙 许昕 张继科

2017世乒赛男双冠军 许昕 樊振东

他说突然就找到了这种练球的感觉了，痛并快乐着。” 所以说，世上没有一蹴而就的成功，成功的道路都是一步一个脚印走出来的。

故事启迪

在中央“五大发展”理念的引领和“一带一路”倡议的推动下，中国向世界进一步展示了改革开放成就与和平发展主张，不断输出自信、开放、包容、共享的精神价值。奥运会是又一个让世界了解中国的窗口，中国的奥运健儿，在某种程度上，就是中国发展、中国文化的形象代言人。顽强拼搏、团结奋进、永不言弃乃是时代最强音！

书言心语

许昕历年来在国际比赛中获得的奖项

2017 年 6 月	德国杜塞尔多夫世乒赛	男双　冠军	男单　季军
2016 年 3 月	马来西亚吉隆坡世乒赛	男团　冠军	
2016 年 8 月	巴西里约热内卢奥运会	男团　冠军	
2015 年 6 月	中国苏州世乒赛	男双　冠军	混双　冠军
2014 年 5 月	日本东京世乒赛	男团　冠军	
2013 年 5 月	法国巴黎世乒赛	男单　季军	
2012 年 4 月	德国多特蒙德世乒赛	男团　冠军	
2011 年 5 月	荷兰鹿特丹世乒赛	男双　冠军	
2010 年 5 月	俄罗斯莫斯科世乒赛	男团　冠军	

学海畅游

以“不忘初心 薪火相传”为主题，践行社会主义核心价值观，做全面发展的中学生，开展“走访身边的劳模”活动。

走访时间：______

人物简介：______

______

______

我的体会：______

______

______

可以参考的问题：

1. 支撑您几十年如一日工作的精神源泉是什么?

2. 您有没有业余爱好?

3. 请您对我们青少年践行社会主义核心价值观提一些建议。

后记

“走向生活的学校德育——构建宝山学校德育新体系”指出，要深入推进基于陶行知教育思想下“生活德育”的“本土化”德育研究，让育德过程成为一种生活过程，并通过学习这种生活过程去影响学生的其他生活，从中创造他们的新生活，提升生活质量。

根据“走向生活的学校德育——构建宝山学校德育新体系”的要求，指导学生专注、明辨、勤奋、合作、优雅、诚信、负责、自律、尊重、健康等方面的德性成长，培育和践行社会主义核心价值观。由宝山区教育局和宝山区教育学院主持编写了“美丽宝山”系列读本之《人文韵》。我们希望通过本书的编写，使人文气韵在宝山德育中发挥其最大的作用，实践宝山德育“立德树人”的目标。

本书充分考虑到学生的理解能力和认知特点，选择在宝山的发展进程中影响较大或者有突出贡献的人，挖掘这些人的内涵和品质，体现宝山人的醇厚、浓烈、温婉、细致、宽广等韵味，对学生进行德性的教育和引导，使其完善和培养自己的品格。

本书各位编者承担的具体工作如下：张敏、张燕负责全书的整体框架，全书最后定稿；胡凤英负责“山不在高 有仙则名”，王海燕负责“诸子百家 行成于思”，樊卿卿负责“天下兴亡 匹夫有责”，徐芸琦负责“妙笔生花 钟灵毓秀”，沈梅负责“精雕细琢 巧夺天工”，卢靖负责“上善若水 厚德载物”，苏玉青负责“推陈出新 继往开来”，张静媚负责“不忘初心 薪火传承”。

本书经过策划、收集资料、编写、研讨等工作，不断趋于成熟。在编写过程中，上海市宝山区教育局、宝山区教育学院、宝山区档案局给予了大力支持和悉心指导，上海市思想政治学科和德育学科专家贡献了很多中肯而宝贵的意见和建议，在此一并表示最真挚的感谢！同时特别感谢同济大学出版社的大力支持，他们辛勤细致的工作保证了本书的顺利出版。

本书编写组

2019 年 2 月

图书在版编目（CIP）数据

人文韵 / 上海市宝山区教育局编著. -- 上海 : 同济大学出版社, 2019.4
ISBN 978-7-5608-8386-1

Ⅰ. ①人… Ⅱ. ①上… Ⅲ. ①人物－生平事迹－宝山区－青少年读物 Ⅳ. ①K820.851.3-49

中国版本图书馆CIP数据核字(2019)第036007号

人文韵
REN WEN YUN

上海市宝山区教育局　编著

出 品 人：华春荣
责任编辑：罗　璇　袁佳麟
装帧设计：殷鹏飞　支　希
责任校对：徐春莲
出版发行：同济大学出版社
地　　址：上海市杨浦区四平路1239号
邮政编码：200092
网　　址：http://www.tongjipress.com.cn
经　　销：全国各地新华书店
版　　次：2019年4月第1版
印　　次：2019年4月第1次印刷
印　　刷：上海安枫印务有限公司
开　　本：787 mm×1 092 mm　1/16
印　　张：7
字　　数：175 000
书　　号：ISBN 978-7-5608-8386-1
定　　价：32.00 元